라이브 커머스

상품 판매 방송과 커머스 크리에이터의 모든 것

라이브 커머스

스마트폰 하나로 간단하게

라이브킹 지음

25년 동안 라이브 커머스
현장에서 터득한 실전 스킬

1인 방송 크리에이터가 커머스 영역을 시작
하려고 할 때 가장 궁금해할 것이 무엇일까?
가장 필요한 것이 무엇일까를 썼다

좋은땅

서문

필자는 V 커머스 영역에서 25년을 일해 오고 있다.

V 커머스의 핵심 키워드는 스마트폰, 실시간, 양방향, 라이브다. 그런데 마케팅 종사자들 대부분 V 커머스를 동영상으로 이해하고 있다. 동영상 커머스는 60년 전부터 CF, 홍보동영상이라는 이름으로 존재해 왔다.

V 커머스에서 동영상은 기본 항목일 뿐이다. 핵심은 라이브다. 상품 판매를 위해서 동영상은 라이브에 비할 것이 못 된다. 상품은 지금이나 요즘 필요해서 사는 것이다.

라이브 커머스는 고객과 실시간 소통을 한다. '고객과 실시간 양방향 소통' 이것이 라이브 커머스 방송의 핵심이다. 홈쇼핑에서 하고 싶어도 할 수 없는 것이다. 실시간 소통을 통하여 개인 맞춤 큐레이션이 가능하다. 판매자 혹은 생산자와 직거래 소통 방식이라 신뢰 구축이 강력하다.

스마트폰으로 진행하는 V 커머스는 지상파에서는 할 수 없는 곳에서도 라이브 방송을 할 수 있다. 울릉도 앞 바다 대게 잡이 선상에서 생방송을 할 수 있고 지리산 천왕봉 정상에서 라이브를 할 수도 있다.

라이브 커머스 방송은 지구촌 어디에서도 생방송을 할 수 있고 전 세계인을 대상으로 생방송을 할 수 있다. 마추픽추에서도 만리장성에서도 우주정거장에서도 생방송을 할 수 있다.

라이브 커머스 방송은 기존 생방송의 개념을 혁명적으로 바꿀 수 있는 방송시스템이다. V 커머스 영역이 성공하려면 실시간 양방향 라이브 방송으로 가야 하는데 대한민국 마케팅 관계자들 대부분 동영상에서 멈춰 있다. 동영상 커머스와 라이브 커머스의 차이를 모르고 동영상 커머스가 V 커머스라고 이해하는 사람들이 대부분이다. 아마 라이브를 경험해 보지 못했기 때문일 것이다.

라이브 커머스와 온라인 홈쇼핑을 같은 것으로 이해하는 사람들의 잘못된 인식을 바꿔 주려고 책을 쓴다. 라이브 커머스가 잘못된 방향으로 가는 것을 막고 정확한 길로 갈 수 있게 하기 위해서 책을 쓴다.

라이브 커머스와 온라인 홈쇼핑은 생방송이라는 것만 같고 나머지는 문법이 다르다. 라이브 커머스가 홈쇼핑처럼 생방송을 하면 성공할 수 없다.

2019년 3월에 중소벤처기업부 차관 주제로 V 커머스 조찬 특강을 했다. 차관에서부터 중소상공인 담당 공무원들이 참석했고 미디어자몽 같이 동영상으로 상품 판매 및 홍보를 하는 몇 업체들과 동대문상인 대표 등 생산자들 몇몇과 생산업체들도 참여했다. 40분 특강에서 커머스의 필요성을 강조했고 커머스는 동영상 커머스와 라이브 커머스가 있는데 앞으로는 라이브 커머스에 집중해야 한다고 커머스는 라이브로 해야 한다고 거듭 강조했다.

그 후에 라이브 커머스로 집중되기를 기대를 했었는데 진행되는 방향은 라이브 커머스가 아니라 동영상 커머스였다. 동영상 커머스로 하면 안 된다고 그렇게 강조했는데도 중소벤처기업부, 중소기업진흥공단 등 어떤 단체에서도 라이브 커머스 중심으로 진행되지 않았다.

2020년 5월부터 네이버 쇼핑을 시작으로 라이브 커머스라는 장르가 폭발했다. 그런데 이번에는 라이브 커머스와 온라인 홈쇼핑을 구분하지 못하고 사용하고 있다. 라이브 커머스 영역에서 온라인 홈쇼핑 영역이 별도로 존재할 것이다. 마치 유튜브에서도 기존 방송 형식으로 제작되는 유튜브가 있고 개인 방송 형식으로 제작되는 유튜브가 있는것처럼 라이브 커머스도 홈쇼핑 시스템으로 생방송되는 형식도 있고 개인 방송 시스템으로 생방송되는 형식이 있다

기존 홈쇼핑 스타일이나 개인 방송 스타일이나 모두 V 커머스인 것만 공통점이고 나머지는 거의 다 전혀 다른 영역이다. 그런데 라이브 커머

스라고 하면 대부분 '온라인 모바일 홈쇼핑'이라고들 이해하는 듯하다.

라이브 커머스가 온라인 모바일 홈쇼핑의 길로 가면 성공하지 못할 것이라 예상한다. 라이브 커머스라는 장르가 성공하려면 홈쇼핑 방식이 아닌 개인 방송 형식으로 발전해야 할 것이라고 판단하기 때문이다.

현재 진행되는 라이브 커머스 영역에서는 상품공급 회사가 라이브 커머스 대행사에 의뢰해서 진행하는 형식과 개인이 직접 진행하는 형식이 공존하고 있다. 그 차이는 아래 질문으로 알 수 있다.

1. 판매할 상품결정은 누가 하는가
2. 상품 판매 전략은 누가 세우는가
3. 생방송 준비를 누가 하는가
4. 생방송 촬영을 누가 하는가

온라인 모바일 홈쇼핑과 라이브 커머스의 가장 큰 차이는 판매자의 차이다. 쇼호스트냐 커머스 크리에이터냐의 차이, 이 차이가 가장 큰 차이다.

온라인 모바일 홈쇼핑 진행자를 온라인 홈쇼핑 쇼호스트, 모바일 홈쇼핑 쇼호스트처럼 쇼호스트로 부른다. 쇼호스트는 카메라 앞에서 판매만 한다. 라이브 커머스 크리에이터는 직접 상품을 결정하고, 방송을 기획하고, 세트, 소품, 시연 등 방송준비도 직접하고, 직접 촬영도 하고, 생방송 진행도 직접 한다. 자기상품 판매자는 상품관련 콘텐츠를 다양하게 할 수 있고, 해야 한다.

가령, 평창군에서 캠핑장을 운영하는 사람이라면 주변 봉평 관광지와 휘팍, 평창지역 홍보 방송을 해서 시청자를 확보할 수 있다. 김제에서 쌈채소를 하는 농부는 농장에서 판매 방송하는 것 외에 김제 벽골제 등 그 지역 명소를 설명해 주는 방송을 할 수 있다. 울진에서 펜션을 하는 사람, 영덕에서 누에를 하는 사람, 영주에서 사과를 하는 사람 등 농산물을 판매하는 농부의 경우에는 유튜브나 네이버 등에서 광고수익 목적의 영상제작을 할 수도 있다.

남의 상품 판매자는 모바일 쇼호스트나 커머스 크리에이터다. 이들은 자기 상품이 없다. 장점은 모든 상품을 판매할 수 있다는 점이다. 자기 상품 판매자는 최소한 경쟁 상품을 판매할 수는 없지만 자기 상품이 아닌 판매자는 모든 상품을 판매할 수 있다.

라이브 커머스를 제대로 알려 줘야겠다.

실시간 양방향 소통 판매 방송이 무엇인지, 어떻게 하는 것인지를 알려 줘야 겠다. 스마트폰 하나로 전 세계 어느 곳, 어떤 시간에도 고객과 실시간 소통으로 판매 방송을 할 수 있는 놀라운 환경에서 동영상에 매몰되어 있는 대한민국을 올바른 길로 인도해야 겠다. 좋은 상품을 가지고 있는 대한민국, 수출해야 먹고 살 수 있는 대한민국이 전 세계인을 상대로 더 많은 상품을 판매할 수 있게 도와줘야겠다.

이 책을 쓰는 이유다.

1인 방송 크리에이터가 커머스 영역을 시작하려고 할 때 가장 궁금해할 것이 무엇일까?
가장 필요한 것이 무엇일까를 썼다.

1. 상품 선택 방법은 무엇일까
2. 선택한 상품을 잘 팔려면 무엇을 어떻게 공부해야 할까
3. 커머스 방송과 일반 방송의 차이는 무엇일까
4. 커머스 기획은 어떻게 해야 하는가
5. 커머스 동영상과 라이브 커머스는 어떤 차이가 있는가

25년 동안 라이브 커머스 현장에서 배운 실전을 썼다.
1인 방송은 세계적이다. 실시간 전 세계에 노출된다. 1인 크리에이터가 한국 상품을 전 세계에 직접 판매할 수 있다. 기존 방송시스템으로는 전 세계에 생방송을 하기가 쉽지 않다. 1인 방송은 스마트폰 하나로 간단하게 전 세계 생방송이 가능하다.

한국 상품은 우수하다. 우수한 한국 상품을, 메이드인코리아 제품을, 전 세계인을 상대로 실시간으로 판매할 수 있는 최상의 방법이 1인 커머스 방송이다.

커머스 방송영역은 천재가 존재하지 않는다. 노력이 배신하지 않는 영역이다. 누구나 열심히 노력하면 돈 버는 커머스 크리에이터가 될 수 있다. 누구나 대한민국의 우수 상품을 판매할 수 있는 방법을 제시한다. 스마트폰 하나로 전 세계인을 상대로 실시간 양방향 직거래 판매를 할 수 있는 방법을 제시한다.

라이브 커머스 기획자나 커머스 크리에이터가 라이브 커머스를 제대로 이해해서 명예도 얻고 수익도 낼 수 있기를 바란다.

목차 ···

라이브 커머스 방송, 이것이 궁금해요

제2장 라이브 커머스 방송과 커머스 크리에이터

제3장 라이브 커머스 상품 기획

라이브 커머스 방송 판매의 기술

라이브 커머스 방송 기술 및 라이브 진행 문법

상품군별 판매의 기술

제1장

라이브 커머스 방송, 이것이 궁금해요

'V 커머스'란 비디오(Video) 커머스(Commerce) 줄인 말입니다. 비디오는 사진, 동영상 그리고 라이브 방송을 포함합니다. 커머스는 '상업적'이라는 뜻입니다. 상업적이라는 말은 상품 팔기와 같은 말입니다. 결론적으로 V 커머스란 '영상으로 상품 팔기'입니다.

'영상으로 상품 팔기'에 가장 특화된 방송이 홈쇼핑 영역입니다. 드라마나 영화에 PPL 영역도 V 커머스입니다. 중국 왕홍이나 인스타그램 등에서 상품을 판매하는 것도 V 커머스 영역입니다.

V 커머스란 동영상이나 라이브를 통해서 직간접적으로 상품을 판매하기 위한 모든 것입니다.

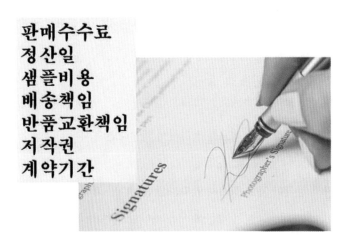

내가 팔고 싶은 상품을 선택하는 방법은 온라인으로 찾는 방법과 오프라인으로 찾는 방법이 있습니다. 온라인이라 함은 네이버스토어팜, 오픈마켓(옥션, 지마켓, 11번가, 인터파크), SNS몰(쿠팡, 티몬, 위메프) 등을 말합니다.

위 쇼핑몰들은 판매 순위가 나오기 때문에 잘 팔리는 상품들이 뭔지 쉽게 알 수 있습니다. 현재 판매수량이 많다고 해서 무조건 좋은 상품은 아닙니다. SNS몰의 경우 상품의 질보다 가격 할인 폭으로 판매하는 경향이 강하기 때문입니다.

온라인 몰에서 내가 팔고 싶은 상품을 찾아서 그 회사에 연락하면 됩니다. 연락하기 전에 제안서를 만듭니다. 준비 없이 그냥 전화해서 '제가 누군데 그 상품 팔고 싶습니다'라고 하면 진행이 느리게 됩니다. 구두로 진행하는 것으로 합의한 후에도 어차피 거래조건을 합의할 때 거쳐야 할 단계이기 때문에 제안서를 작성해서 제안하는 것이 여러모로 좋습니다.

1. 거래 시 체크포인트

제안서는 아래 내용 정도를 정리해서 제안하면 됩니다.

제안서 양식이 따로 정해져 있지는 않습니다만 거래할 때 반드시 합의되어야 하는 내용들이기 때문에 처음 제안할 때부터 확실하게 합의하고 진행하는 것이 쓸데없는 헛수고를 하지 않는 방법입니다.

방송 횟수/방송 시간/판매 수수료/정산 방법과 정산일/상품 제공/배송/교환 반품/AS/저작권 정도가 협의되어야 할 항목들입니다.

1) 방송은 주간 몇 회, 월간 몇 회, 방송 시간은 1~2시간 정도로 하면 됩니다.

2) 판매수수료는 크리에이터의 인지도와 역할과 책임에 따라 달라지기 때문에 기준이 없습니다. 협의하기 나름입니다.

3) 정산은 주간, 격주간, 월 단위 중 어떤 것으로 하는지와 정산일을 언제로 할지를 협의하여 정하면 됩니다.

4) 방송에 사용할 상품 샘플은 무상 제공인지, 구입해야 하는지와 방송 1 회 당 몇 개의 샘플이 필요한지 등이 반드시 사전에 협의가 되어야 합니다. 보통 크리에이터가 영향력이 있으면 무상 제공하고 영향력이 없는 크리에이터라면 원가에 구매해서 진행할 가능성이 높습니다.

5) 배송, 교환, 반품, A/S 책임은 누가 지는지(대부분 생산자 책임)도 사전 협의가 되어야 합니다. 대부분 상품공급자가 책임집니다.

6) 저작권을 크리에이터 개인에게 귀속할 것인지, 공동으로 할 것인지 도 계약 단계에서 결정하는 것이 좋습니다. 이 경우 제작과정에서 발생하는 저작권 관련 책임은 크리에이터가 지는 것이 상식입니다.

2. 온라인에서 상품을 찾기

온라인 비즈니스를 하는 제조원이나 판매원은 대부분 하나의 쇼핑몰에서만 하지 않고 오픈 마켓과 스토어 팜을 병행합니다. 자체 홈페이지까지 운영하는 회사도 많습니다. 제조원이 생산이고 판매원이 유통입니다. 제조원이라 함은 상품을 만든 회사나 개인을 말하고 판매원이라 함은 판매를 담당하는 회사나 개인을 말합니다. 제조원과 판매원이 하나인 회사도 있고 다른 회사인 경우도 있습니다.

스토어 팜, 오픈 마켓 등에 상품을 판매하는 회사도 제조원이 직접 할 수도 있고 판매원이 할 수도 있습니다. 상품 상세설명에 회사 전화번호가 적혀 있기 때문에 제조원과 판매원이 같은지 다른지, 다르다면 제조와 판매원의 거래관계가 어떤지 확인합니다. 판매원이 모든 판권을 가지고 있다면 그 판매회사에 연락하면 되고 만약 제조회사가 방송 판매를 직접 할 수 있다면 제조원과 거래계약하고 방송을 진행하면 됩니다.

3. 오프라인(매장)으로 상품을 찾기

전시회, 박람회, 동대문 도매시장, 종로3가 보석타운, 남대문 액세서리 직영매장, 백화점 대형마트 등에 가서 찾을 수 있습니다. 의류는 동대문 도매시장을 가서 상품과 거래처를 찾아서 진행하면 되고 일반 상품은 전시회에 가서 찾는 방법이 가장 일반적이고 쉽습니다.

전시회에 나온 회사들은 상품을 소개할 만반의 준비를 다 해 옵니다. 상품의 특장점을 짧은 시간 안에 다 체험해 볼 수 있습니다. 관람객의 질문에 친절하게 답변을 해 줍니다. 거래업체를 찾기 위해 나왔기 때문에 거래계약하기가 쉬운 편입니다.

패션을 제외한 일반 상품 소싱은 박람회, 전시회에 가서 찾는 것이 여러모로 좋습니다. 상품 설명도 들을 수 있고, 상품 체험도 해 볼 수 있고, 거래계약도 즉석에서 할 수도 있기 때문입니다. 게다가 오프라인 상품 소싱의 장점은 상품을 그 자리에서 직접 체험해 볼 수 있다는 점입니다.

제조원에게 연락했는데 별도로 총판 계약을 맺은 회사나 개인이 없다고 하면 제조원과 직접 거래하면 됩니다. 총판권이 타인에게 있다고 하면 그 총판권을 가지고 있는 회사나 개인 즉, 판매원에게 연락해서 제안을 하면 됩니다. 현실적으로 적당한 제안은 샘플을 제조원가로 보내 달라고 하고 수수료는 5~20% 정도 하면 보통입니다.

상품별로 제조원가가 다르기 때문에 정답은 없습니다. 수수료가 가장 낮은 카테고리가 대형가전과 제철농산물이고 가장 높은 카테고리는 건강식품과 화장품 등입니다. 온라인 쇼핑몰 식품 카테고리 수수료는 최대 20% 정도입니다. 생산자들은 20%는 부담스러워합니다. 대부분 10~15% 정도를 원합니다.

건강식품, 화장품은 최대 40%까지 수수료를 받을 수 있습니다. 그런데 판매능력이 검증된 회사나 사람에게는 40%까지 줄 수 있지만 무명 신인에게 그 정도까지 줄 회사가 있을지 모르겠습니다.

그래서 가장 쉽게 상품을 진행하는 방법은 제조사에 '내가 1인 방송으로 귀사의 어떤 상품을 팔 테니, 판매했을 때 수수료 얼마에 주시겠습니까?'라고 하면 싫어할 제조사나 판매사가 없을 것입니다.

크리에이터가 무명이고 새로 시작하는 입장에서 회사에게 수수료를 요구하면 거절당할 수도 있지만 회당 출연료를 요구하지 않는다면 제조자 입장에서 거절할 이유가 없습니다. 그들은 출연료 및 방송비용 어느 것도 부담하지 않으면서 자기 제품을 홍보 및 판매할 기회를 얻는 것이기 때문입니다.

 Q3 상품이 잘 팔릴 만한지 판단 기준은 무엇인가요?

'싼 게 비지떡'이란 속담은 어느 정도는 정확합니다. 싸고 좋은 상품은 거의 없습니다. 상품이 잘 팔릴만 한지 아닌지의 가장 중요한 기준은 '가성비'와 타깃층의 '지금 필요한 정도'입니다. 소비자에게 지금 절실하게 필요한 상품인데 가성비가 좋은 상품이 잘 팔릴 상품입니다. 가성비가 아무리 좋아도 지금 필요하지 않다면 살 이유가 줄어듭니다.

1. 가성비가 훌륭한가를 따져 봅니다

가성비란 가격대비 성능입니다. 다른 말로 가격 대비 가치입니다. 가치란 그 상품을 구매함으로써 얻을 수 있는 어떤 것입니다. 구매자의 결핍을 충족시켜 줄 수 있는 무엇입니다. 이 상품을 이 가격을 주고 사도 충분히 만족할 만한 것인가를 따지는 것입니다.

2. 지금 소비자에게 꼭 필요한 상품인가를 따져 봅니다

지금부터 3달 동안 구매자에게 꼭 필요한 상품인가 이 제품이 소비자 현재의 니즈를 충족시켜 줄 만한 상품인가를 따져봅니다. 라이브판매는 지금 필요한 가치를 보여 줘서 소비자들의 구매를 유도하는 것이기 때문에 지금 꼭 필요한 상품이 아니라면 라이브 판매 방식은 어울리지 않습니다. 물론 계절파괴, 역시즌, 땡처리, 창고대방출처럼 파격적으로 세일하는 경우는 제외합니다.

3. 브랜드(알려진 상품)인가 신개념 상품인가를 따져 봅니다

세상에 알려진 상품은 판매하기가 쉽지만 알려지지 않은 상품은 즉시 구매로 유도하기 쉽지 않습니다. 그 제품이 무엇인지, 어디에 쓰는 물건인지, 어떻게 쓰는 건지를 설득한 후 판매를 해야 하기 때문에 판매가 쉽지 않고 시간도 오래 걸립니다.

야전침대와 텐트가 하나로 신개념텐트

비데가 처음 나왔을 때, 비데라는 상품의 가치를 알리는 방송을 해야 했습니다. 정수기가 처음 나왔을 때, 디지털 피아노가 처음 나왔을 때, 김치냉장고가 처음 나왔을 때 그 제품의 필요성을 알리면서 판매를 해야 했습니다.

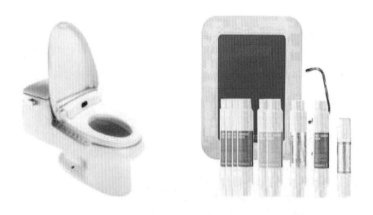

지금은 비데의 필요성, 정수기의 필요성, 김치냉장고의 필요성을 설명하지 않아도 됩니다. 지금은 기존 비데, 정수기, 김치냉장고보다 무엇이 더 좋아졌는가를 설명하는 것에 집중하면 됩니다.

백향과, 아로니아, 헛개, 백수오, 장르 자체가 완전하게 새로운 것일 경우 판매되기까지 시간이 오래 걸립니다.

신개념 상품이란 콘셉트가 알려지지 않은 상품입니다. 줄기세포 화장품, 캡슐커피, 휴대용 정수기처럼 신개념 상품일 경우 따져 봐야 할 것들이 너무 많고, 소비자들에게 콘셉트가 받아들여지기까지 몇 년의 시간이 걸립니다.

4. 기존 상품에서 개선된 점이 있는가, 있다면 얼마나 획기적인가를 따져 봅니다

모든 신상품은 기존 시판되고 있는 상품의 단점을 개선해서 출시됩니다. 기존의 단점, 불편했던 점 등이 얼마나 획기적으로 개선되었는가, 소비자가 지금 바로 구매할 만큼 강력하게 개선된 점이 있는가를 봐야 합니다.

　신상품인데 개선된 점이 약하면 성공하기 어렵습니다. 그래서 대부분의 신상품은 기존의 단점을 보완해서 출시됩니다. 크리에이터는 그 개선된 장점을 다각도로 공부해서 방송에 임해야 합니다.

5. 방송이나 영상으로 상품의 가치를 보여 줄 수 있는가를 따져 봅니다

　상품의 가치(효능, 효과)를 영상으로 보여 줄 수 있는가가 매우 중요합니다. 라이브 커머스는 시청각을 통해 상품의 가치를 보여 주는 것입니다. 아무리 상품이 훌륭해도 그 훌륭한 가치가 보여지지 않거나, 설득되지 않는다면 판매가 잘 될 수 없습니다.

　상품의 가치가 보이는 상품군과 보여지기 어려운 상품군이 있습니다.

패션, 잡화, 보석, 속옷, 가구, 청소기, 세탁기 등은 상품의 가치를 보여 주기 쉬운 상품군입니다. 이렇게 상품의 가치를 보여 주기 쉬운 상품들이 커머스 방송 판매에 적합한 상품들입니다. 이 상품들은 보이는 것 자체가 가치이기 때문입니다.

건강식품, 기초화장품류는 상품의 가치를 보여 주기가 어렵습니다.

홍삼액을 먹자마자 효과가 나올 수 없기 때문입니다. 아로니아 분말을 먹자마자 효과가 즉각적으로 나올 수 없기 때문입니다.

다이어트 상품도 그 효과를 즉각적으로 보여 줄 수 없는 상품군입니다.

지방흡입을 하지 않는 한 다이어트 효과가 나타나려면 최소 3개월 정도 시간이 필요하기 때문입니다.

주름기능성 화장품의 효능, 효과를 즉각적으로 보여 주기란 불가능합니다.

주름 역시 시술을 하지 않는 한 최소 3개월 정도 지속적으로 관리를 해 줘야 효과를 볼 수 있기 때문입니다.

색조화장품은 즉시 표현되는 상품군이라 보여 주기가 가능한 영역입니다.

볼터치, 아이새도우, 립스틱… 이런 색조화장품들은 라이브 중에 그 상품의 효과를 보여 줄 수 있기 때문입니다.

헤어 기기도 두피 영양 공급류가 아니라 헤어스타일을 바꾸는 상품들 역시 상품의 가치를 보여 주기가 쉬운 장르입니다.

운동기구는 살이 몇 KG 빠지는 것을 즉각적으로 보여 주지는 않지만 운동기구를 사용해서 운동하는 모습을 보여 주는 것으로 설득이 될 수 있습니다. 뱃살 출렁이는 모습, 근육 움직이는 모습을 볼 때 소비자는 자기 몸이 저렇게 움직일 것이라는 상상을 하기 때문에 보여 주기 영역으로 이해해도 무방합니다.

1인 커머스 크리에이터는 모든 상품을 판매해야 하나요?

1인 크리에이터를 상품을 판매한다는 측면에서 구분하면 커머스 크리에이터와 콘텐츠 크리에이터로 나눌 수 있습니다. 커머스 크리에이터는 방송 시간 내내 오직 상품 판매 방송을 하는 것이고 콘텐츠 크리에이터는 자기 콘텐츠 방송을 진행하는 중에 특별상품이나 협찬상품을 소개하거나 판매하는 것입니다.

1. 콘텐츠 크리에이터의 경우

커머스 아닌 일반 콘텐츠 크리에이터라면 모든 상품을 소개할 수 있습니다. 협찬방송(PPL)은 크리에이터가 일반 소비자입장에서 상품을 써 보고 리뷰하는 수준으로 소개하기 때문에 모든 상품군이 가능합니다.

2. 커머스 전문 크리에이터의 경우

커머스를 전문적으로 하려는 크리에이터라면 초기에는 한 상품군에 집중하는 것이 좋습니다. 모든 장르를 해도 되지만 모든 상품 장르를 1인이 동시에 다 하기는 쉽지 않습니다. 더욱이 커머스 초보수준에서는 모든 장르를 다 하기란 불가능합니다. 따라서 커머스 크리에이터는 초기에는 패션, 뷰티, 요리, 여행… 수많은 상품군 중에서 한 장르를 먼저 하는 것이 좋습니다.

패션 전문, 보석전문, 뷰티전문, 여행전문, 요리전문 등 전문 크리에이터라면 시청자가 크리에이터를 통해 해당 영역에서 각종 정보를 얻거나 배우기도 하기 때문에 일반 시청자들에게 정보를 줄 수 있을 만큼의 전문성이 필요합니다.

그래서 여러 상품군을 하지 말고 하나의 상품군에 집중하라고 하는 겁니다. 초보라면 동일한 상품영역에서도 좀 더 좁히는 것도 좋습니다.

패션 크리에이터가 아니라 청바지 전문, 니트 전문, 트렌치코트 전문, 드레스 전문, 파티복 전문, 오피스룩 전문, 면접옷 전문, 캐주얼 전문,

뷰티 크리에이터가 아니라 기초화장품 전문, 색조 전문, 헤어 전문, 두피 전문,

보석 크리에이터가 아니라 금 전문, 다이아몬드 전문, 진주 전문, 루비 전문,

여행 크리에이터가 아니라 지역 전문, 국가 전문, 휴양지 전문, 트래킹 전문…

영역을 포괄적으로 접근하는 것 보다 구체적인 하나의 영역으로 시작하는 것이 더 빨리 유명해지는 길일 수 있기 때문입니다. 하나의 구체적인 영역에서 시작해서 단계적으로 확장해 나가는 것이 현명한 선택일 수 있습니다.

 **내 얼굴로 판매하는데
상품이 안 좋으면 팔지 않아도 되나요?**

커머스 크리에이터는 홈쇼핑 쇼호스트가 아니기 때문에 본인이 써 보고 좋지 않을 경우 상품을 판매하지 않는 것이 좋습니다.

홈쇼핑은 상품 선택을 쇼호스트가 하지 않습니다. 커머스 크리에이터는 스스로 선택한 상품을 판매하는 것이기 때문에 안 좋은 상품은 하는 것은 좋지 않습니다.

왜냐하면 질 안 좋은 상품이라도 판매를 하려면 특장점 극대화를 통해

서 설득해야 하는데 크리에이터의 주장을 믿고 구매한 소비자가 그 상품을 받아서 사용해봤는데 효능효과가 크리에이터가 주장했던 내용과 맞지 않는다면, 그 소비자는 다시는 그 크리에이터가 판매하는 모든 상품을 구매하지 않게 될 가능성이 매우 크기 때문입니다.

1인 방송은 양방향 소통방송입니다. 면대면, 일대일 대화 방송입니다. 홈쇼핑 쇼호스트는 시청자와 일대일로 대화하듯 방송하지 않습니다. 그렇기 때문에 가끔 사기, 거짓말 방송이 들통나게 돼도 그 쇼호스트를 사기꾼이라고 하지 않습니다. 그런데 커머스 크리에이터는 시청자와 일대일 소통방송을 하기 때문에 안 좋은 상품을 좋다고 속여 팔면 그 사실이 밝혀지는 순간 그 시청자와의 관계는 끝장납니다. 믿음은 한 번 깨지면 다시 붙이기 어렵습니다.

그러나 대한민국 제조업계의 전체 수준이 있기 때문에 심하게 질 낮은 제품은 그리 많지 않습니다. 마케팅능력, 디자인 수준, 마감처리 부분들에서 차이가 있을 뿐입니다. 제품의 질 자체가 너무 안 좋아서 문제될 상품은 많지 않습니다. 독일제품이나 일본제품이라고 하면 믿음이 가는 이유가 브랜드가 어떤 것이든 품질에 대한 그 국가의 제조 수준에 엇비슷하기 때문입니다. 한국 제품도 품질이 나쁘지 않습니다. 단지, 마케팅 및 홍보 능력이 부족할 뿐입니다. 그래서 품질이 아니라 마케팅이라고 하는 겁니다.

훌륭한 커머스 크리에이터가 되려면 제조업체의 부족한 부분을 채워 주면서 판매할 수 있어야 합니다. 제품 자체의 부족 부분을 채워 주지는 못하겠지만 마케팅이 부족한 부분은 크리에이터의 능력으로 어느 정도는 채워 줄 수 있어야 합니다. 커머스 크리에이터는 마케팅 전문가이어야 합니다.

품질 자체가 안 좋은 상품은 거의 없지만 화장품이나 건강식품의 경우에 크리에이터 자신의 피부에 안 맞는 화장품이거나 자신의 체질에 안 맞는 건강식품은 하지 않는 것이 현명한 선택일 수 있습니다. 하지만 내 피부에 안 맞는다고 질 낮은 상품일 수 없고 내가 좋아하는 컬러라고 질 높은 상품일 수 없습니다.

1인 방송 초기에는 본인에게 잘 맞는 상품으로 판매 방송을 진행하고 1~2년쯤 경험이 쌓이고 깨달음을 얻었을 때 다른 상품들로 폭을 넓혀가는 것을 추천합니다.

 초기에는 상품을 한 분야만 전문적으로 하는 것이 유리한가요?

한 분야에 집중적으로 파고 드는 것이 유리합니다. 크리에이터가 상품 판매를 잘 하려면 상품에 대한 공부가 많이 되어 있어야 합니다. 상품에 대한 공부가 안 되어 있으면 상품 특장점을 찾아내기도 어렵고, 상품의 가치를 찾아내지 못했기 때문에 상품 설명을 잘하기도 어렵습니다.

상품을 잘 모르기 때문에 상품에 대한 자신감도 부족한 상태로 방송하게 되고, 그 상태로 다각도에서 들어오는 시청자들의 질문에 자신감 있는 정확한 답변을 하지도 못하게 돼서 좋은 매출을 기대하기 어렵습니다.

자신감이 없는 방송을 하면 그 상품이 지금 꼭 필요한 것으로 느껴지지 않기 때문에 매출이 일어나기 쉽지 않습니다.

모든 상품군을 판매 방송 속성별로 구분하면 10~15개 정도로 구분되는데 한 상품군의 속성을 이해하는 데 최소 3개월 정도 시간이 걸립니다. 상품군마다 설명방식, 설득방식, 매대 설치 방식 등이 다 다릅니다.

모든 상품군을 동시에 체험하는 방식과 한 상품군을 3개월씩 체험하는 방식이 있는데 후자가 맞는 방식입니다. 더욱이 1인 방송은 혼자 다 해야 하기 때문에 더욱 한 분야에 집중하는 것이 효율적이고 유리합니다.

한 상품군에서 설명방식과 설득방법 등의 깨달음을 얻고 난 이후에 다른 상품군으로 넘어가야 올 라운드 플레이어로 성장할 수 있습니다. 모든 상품군을 동시에 불규칙적으로 이동하고 다니면 한 상품군에 대한 깨달음도 얻지 못합니다. 전반적인 이해만 할 뿐 상품군별 속성이 다르다는 것조차 모르고 우왕좌왕하게 될 수 있기 때문입니다.

초보 커머스 크리에이터라면 어떤 하나의 상품군에 집중하는 것이 가장 빠른 길입니다. 개인 방송이기 때문에 처음에는 자기가 좋아하거나,

관심 있는 상품군으로 시작해서 커머스 방송에 대한 전반적인 깨달음을 얻고 난 후에 다른 상품군을 추가하는 방식으로 진행하는 것이 가장 효율적이고 빠른 길입니다. 한 분야에 집중해서 하다 보면 그 분야에 관련된 상품들을 섭렵하게 되고, 그 경험이 쌓이면서 매출도 증가하고 고객도 늘어 갑니다.

초기에는 자기 콘텐츠에 간접적인 것보다 직접적으로 관련되어 있는 상품으로 하다가 신뢰가 구축되어 가면서 간접적 영역으로 확대하는 방향을 권해 드립니다.

 상품 공부는 어떻게 하나요?

1. 상품명을 어떻게 지을까
2. 콘셉트를 어떻게 잡을까
3. 잘팔리게하는 핵심 항목은 무엇일까
4. 잘팔리게하는 특장점은 무엇일까
5. 상품구성은 어떻게 할까
6. 어떤 카피를 써야할까
7. 어떤 사진을 찍어야 잘 팔릴까
8. 어떤 영상을 찍으면 잘 팔릴까

상품공부는 매뉴얼로 정해진 방법은 없습니다. 온 오프라인에서 다양한 방법으로 공부할 수 있습니다. 인터넷 검색만으로는 한계가 있습니다. 인터넷 검색으로 얻을 수 있는 정보는 상품명, 상품가격, 상품스펙, 특장점, 사용방법, 효능효과 등인데 상품 판매자가 자기 입장에서 유리한 주장들을 써 놓은 것이기 때문에 정확한 정보가 아닐 수 있습니다. 이런 정도 공부로는 부족합니다.

가장 중요한 상품공부는 직접 사용해 보는 것입니다. 직접 사용해 보면서 제조사의 주장이 맞는 것인지 확인도 해 보고, 새로운 셀링 포인트를 찾아보기도 하고, 최대한 많은 사람들에게 체험시켜 보고 사용 후기를 들어 보고 장단점을 정확하게 이해해야 합니다.

두 번째로 중요한 것은 상품의 익숙한 사용입니다. 크리에이터는 눈을 감고 상품을 사용할 수 있을 만큼 익숙하게 써 봐야 합니다.

화장품의 경우, 여러 번 사용해 보고 나서 '나는 출근할 때는 어떻게 바르고 자기 전에는 어떻게 바른다. 야외 활동할 때는 어떻게 바르고 실내 활동일 때는 어떻게 바른다.' 이처럼 바르는 방법은 기본으로 익숙해져야 합니다.

효능에 대해서도 필러 제품이 아닌 한 즉각적으로 효과가 나올 수 없기 때문에 써 본 지 1주일 됐는데 느낌이 어떻다, 3개월 이상 써 본 주변 사람들 평이 어떻다 등을 말해 줄 수 있을 만큼 상품의 효능을 체험할 수 있을 만큼 써 봐야 합니다.

이 미용기구일 경우에는 사용 법의 숙련도가 더 중요한 것이기 때문에 더욱 더 눈을 감고 사용할 정도로 사용해 봐야 합니다. 시청자들과 대화하면서 스타일링을 할 수 있을 만큼 익숙해져야 합니다. 그래야 상품을 잘 팔 수 있습니다.

 ### 협찬 받은 상품을 방송하게 되면 수익구조가 어떻게 되나요?

(단순히 홍보영상을 찍고 고정된 광고비를 받는 건지)

광고수익/판매수익/출연(협찬)수익

1인 방송의 수익은 광고수익, 판매수익, 출연수익 이 세 가지밖에 없습니다. 이 세 가지 중에서 출연 수익을 제외하면 광고수익과 판매수익으로 양분됩니다. 수익은 거래계약을 어떻게 하느냐에 따라 달라집니다. 제조와 판매 간의 기본 구조는 공산품의 경우 대체로 소비자가의 30% 정도가 제조원가이고, 유통마진은 40~50% 사이고 그 나머지 20~30% 정도를 관련자들이 배분하는 구조입니다. 홈쇼핑과 백화점이 40~45%, 대형마트와 온라인 종합쇼핑몰은 30~35%, 오픈 마켓은 12~20%, 스토어팜은 4% 정도로 책정됩니다.

커머스 크리에이터가 상품 방송을 하는 방식은 두 가지가 있습니다. 하나는 직접 판매를 하는 것이고 나머지는 판매는 하지 않고 홍보 방송만 하는 것입니다. 판매 방송일 경우는 거래계약을 하고 진행하면 되고 홍보 방송일 경우는 1회당 가격에 대한 거래계약을 하고 진행하면 됩니다.

계약 시 체크해야 할 내용들은 아래와 같습니다. 수수료, 샘플 무상제공, 판매 개수 확인방법, A/S, 교환반품 책임소재, 저작권 정도를 협의해야 하고 이외 나머지 내용들을 일반적인 계약내용으로 하면 됩니다.

크리에이터가 무명신인일 경우에 현실적인 계약을 예로 들면 판매 수수료는 5~15% 정도로 하고 판매개수확인, 방법과 권한을 명시하고 (판매수량 수수료를 받는 것이기 때문에 몇 개가 팔렸는지 중요) 교환, 반품, A/S는 제조업체 책임으로 명시합니다. 방송용 샘플은 제조원이 무상 제공하거나 크리에이터가 제조원가로 구입하고 저작권은 크리에이터와 제조원(혹은 판매원)이 공동소유하고, 이런 정도로 계약이 진행될 겁니다.

크리에이터가 무명 신인일 경우, 대부분 처음에는 계약서를 작성하지 않고 진행하게 될 가능성이 큽니다. 왜냐하면 제조업체가 필요를 못 느끼기 때문입니다. 구독자수도 미미한데 해봐야 별 효과가 없을 것이라고 판단하기 때문입니다. 그래서 초기에는 계약서 없이 진행하다가 판매 실적이 오르게 되면 그때 정식계약을 하고 진행하는 것이 현실적인 계약 방법일 수 있습니다.

Q9 사입 후 직접 배송하는 것이 좋나요
아니면 판매 수수료를 받는 식이 좋나요?

제조원이나 판매원이 아닌 자가 판매하는 방식은 사입판매와 위탁판매 이 두 가지 방식이 있습니다. 사입판매는 판매자가 상품을 구입해서 판매하는 것이고(동대문 도매) 위탁판매는 백화점, 대형마트, 홈쇼핑처럼 판매 수수료를 받고 판매하는 것입니다.

사입방식은 가격을 흥정해서 구매한 다음 내 맘대로 판매하면 되기 때문에 제조업체와 계약을 할 필요도 없고 법정분쟁에 휘말릴 일도 거의 없기 때문에 계약은 간단합니다만 반품과 재고가 엄청나게 큰 부담을 준다는 단점이 있습니다.

경험이 없는 초기에는 사입방식을 하지 않는 것이 안전합니다. 위탁방식은 한국의 백화점, 마트, 홈쇼핑사가 선택하는 방식으로 판매 수수료만 받고 판매를 대행하는 방식입니다. 홈쇼핑의 경우 20~40% 정도의 판매수수료만 받고 판매하는 것이고 반품, 재고의 책임은 지지 않습니다.

판매수수료는 판매능력에 따라 비례합니다. 판매능력이 큰 곳은 수수료가 높고, 판매능력이 미약한 곳은 수수료가 낮습니다. 처음부터 수수료로 계약하자고 하면 제조사/판매원이 선뜻 동의하지 않을 것입니다. 크리에이터가 무명인데 얼마나 홍보되고 얼마나 팔리겠어, 이런 생각이 크기 때문에 초보 크리에이터에게는 위탁방식으로 하지 않을 가능성이 큽니다.

판매경험이 없는 크리에이터라면 시작할 때는 소량을 사입(동대문 도매에서 구입)해서 판매실적을 본 이후 계속 사입으로 할지, 제조사와 계약하고 수수료로 할지를 정하는 것을 권합니다.

커머스 크리에이터는 오직 판매에만 집중
상품 제조나 유통업자가 나머지 모두 책임

 Q10 **물건 판매에 대한
구독자들의 거부감을 해결할 방법이 있나요?**

일반 콘텐츠 크리에이터가 PPL 상품을 판매할 경우 불만을 나타내는 구독자들이 있습니다. 그런 불만이 싫다면 PPL을 진행하지 않아야겠죠. 어쩔 수 없이 PPL 방송을 해야 한다면 시청자에게 왜 하는지에 대한 이유를 솔직하게 전달하고 방송하면 됩니다. 1인 방송은 장르가 무엇이든 가장 기본적인 것이 크리에이터의 진정성입니다. 크리에이터는 솔직해야 합니다. 자신의 단점, 부족한 점 등을 있는 그대로 꾸밈 없이 보여 주어야 구독자를 얻을 수 있습니다.

시청자는 상품 판매를 한다는 자체를 불쾌하게 생각하는 것이 아니라 아닌 척하며 상품을 판매하려는 위선이 불쾌할 뿐입니다. 시청자 입장에서는 좋은 상품을 좋은 조건으로 소개해 주는 것이 고마울 수도 있습니다. 따라서 애초부터 상품 판매 방송을 한다는 사실을 알리고 방송하는 것이 거부감을 없앨 수 있는 방법입니다.

협찬상품 PPL 방송일 경우는 협찬상품을 소개할 때만 협찬임을 알리고 방송을 하면 되고, 전문 커머스 방송일 경우는 채널 명에 세일, 쇼핑, 구매, 이런 의미가 들어간 것으로 만들어서 하는 것이 좋습니다.

상품을 파는 것에 대한 크리에이터의 자세는 내 시청자를 위해 좋은 상품을 대신 선택해서 대박 조건으로 구매할 수 있게 도움 준다는 자세와 자신감을 가지고 방송할 필요가 있습니다.

현대인은 매일매일 한 순간도 쇼핑으로부터 자유롭지 못합니다. 무인도에서 혼자 살지 않는 한 단 하루라도 거래를 하지 않고 살기 어렵습니다. 교통비, 커피값, 식비 등 사소한 거래라도 매일 매 순간 이루어지는 세상에서 살고 있습니다.

더욱이 요즘은 상품이 너무 많아서 어떤 상품을 선택해야 할지도 스트레스입니다. 상품의 질이나 마케팅 능력이 다 엇비슷해서 소비자가 선택결정하기가 쉽지 않습니다.

소비자가 전문가가 아니기 때문에 선택결정에 어려움이 있는데 그 어려움을 크리에이터가 대신 해결해 준다는 자세로 당당하고 자신 있게,

그러나 겸손하고 친절하게 있는 그대로 솔직하게 방송하면 됩니다.

 상품의 단점은 어떻게 알려야 하나요?

마케팅의 기본이 장점 극대화, 단점 최소화입니다. 단점을 일부러 알릴 필요는 없습니다. 엄청난 폭탄세일을 할 때도 구매자가 단점을 알게 되면 구매로 이어지기 어렵습니다.

'싼 게 비지떡'인 상품군과 '득템' 상품군이 있는데, 싼 게 비지떡인 상품군은 성능, 효능, 효과 중심인 상품들을 말합니다. 이런 상품류는 아무리 싸도 팔리지 않습니다. 디카가 처음 나왔을 때 화소수가 100만, 300만 이런 정도였습니다. 요즘 울트라HD 시대에 10년 전 500만 화소 디카를 5만 원에 판다 해도 구매할 사람이 있을까요? 10년 전 컴퓨터나 노트북을 아무리 싸게 판다고 해도 팔리지 않는 것과 같습니다.

가격이 아무리 싸도 단점을 자랑하듯 부각하면 안 됩니다. 전시상품이라 싸다거나, 리퍼브라 싸다거나, 흠집난 제품이라 싸다거나… 이런 것처럼 가격이 싼 이유가 명확한 단점이라면 강조해서 말해도 됩니다. 단점이 상품의 본질적 하자가 아니라 주변에 하자가 있는 것은 가격 할인의 이유만 말해도 됩니다.

성분이 미미하거나 작동방법이 너무 어렵거나 상품의 근본에서 단점이 있다면 단점을 부각하는 순간 판매가 안 될 것이기 때문에 그런 상품이라면 판매자체를 하지 않는 것이 현명한 선택입니다.

크리에이터는 상품의 단점에 대해서는 알고 있어야 합니다. 라이브 커머스는 실시간 양방향 소통 방송입니다. 방송 중에 시청자 질문에 답을 해야 하기 때문에 단점에 대한 대응논리를 준비하고 있어야 합니다.

치명적 단점이 있는 상품이 아니라면 단점 노출에 대해 걱정할 필요 없습니다. 단점 없이 완전무결한 상품은 존재할 수 없기 때문입니다. 이 세상 모든 상품은 단점이 있기 때문에 단점에 대한 답을 할 때 죄지은 것처럼 주눅 들어 하지 않아도 됩니다.

내가 직접 만든 상품도 아니고 내가 사기 치려는 것도 아니고 세상에 단점 없는 상품은 없다는 당당함을 가지고 대응해야 합니다. 단, 거짓말을 하면 안 됩니다. 잘 안 되는데 잘된다고 하거나, 촉촉하지 않은데 엄청 촉촉하다고 하거나. 거짓말을 하면 안 됩니다.

크리에이터의 상품설명 능력이 향상되면 단점을 장점으로 승화시킬 수도 있습니다. 가령, 휴대용 캠핑의자가 있는데 단점이 다른 의자들은 3킬로그램인데 이 의자는 5킬로그램이라 들고 다니기엔 좀 무겁다는 것이 단점이라면 "이 의자는 프레임이 철제로 되어 있어서 일반 캠핑의자보다 무겁다. 그러나 그 무거움이 중량감, 안정감을 준다. 의자는 들고 다니려고 만든 것이 아니라 편안하게 앉기 위해 존재하는 것이다. 이동할 때 잠시 무거운 것보다 사용할 때 중량감 있는 것이 더 좋지 않을까?
어차피 요즘은 오토캠핑인데, 너무 가벼워서 바닷바람에 자꾸 넘어지면
좋겠는가, 잠시 이동할 때만 조금 무거울 뿐 자리를 잡고 난 후부터는 중
량감 있고 카리스마 넘치는 의자." 이런 식으로 단점을 장점으로 승화시
킬 수 있습니다. 이런 방식의 설명을 '전술적 부정'이라고 합니다. 필자
가 20년 전부터 사용했던 말입니다.

정리하면 '단점이 있다. 그럼에도 불구하고 이러 저러한 장점 때문에
그 단점을 덮고도 남을 충분한 장점이 있다'입니다. 단, 이 전술적 부정
은 강력한 기술이지만 함부로 사용하면 안 됩니다.

세상에 완전무결한 상품은 없다. 인간이 만든 모든 제품에는 단점이
존재한다

 **라이브 커머스 방송은 스튜디오에서 하는 것이 좋은가요?
야외에서 하는 것이 좋은가요?**

적합한 방송장소는 상품별로 다릅니다. 스튜디오에 어울리는 상품이
있고 야외에 어울리는 상품이 있습니다.

패션, 의류, 잡화, 보석처럼 상품의 색상이 중요한 상품은 스튜디오에
서 하는 것이 좋습니다. 색상의 연출은 자연광보다 인공조명에서 하는

것이 상품이 더 좋아 보이기 때문입니다. 야외에서는 자연광이 일정하지 않아서 상품이 색상이 수시로 변합니다. 또 태양빛이 강하면 색상의 왜곡이 일어나기 때문에 상품 본연의 색상이 표현되지 않습니다.

화상품류의 뷰티상품군도 실내에서 진행히는 것이 좋습니다.

왼쪽사진은 실내에서 찍은 것인데 강한 태양빛 아래서 찍으면 오른쪽 사진처럼 나올 수 있습니다. 기초화장품은 피부를 타이트하게 보여 줘야 하는데 자연광 상태에서는 표현이 잘 안 됩니다. 색조화장품 역시 자연광 상태에서는 색상 표현이 잘 안 됩니다.

왼쪽 사진은 실내에서 찍은 것인데 저 모습을 태양빛 아래서 촬영하면 오른쪽 사진처럼 될 수 있습니다.

주방이나 음식 요리 역시 실내에서 하는 것이 좋습니다. 요리과정은 실내가 좋고 먹방은 야외가 좋습니다. 요리되는 과정을 타이트하게 보여 줘야 하기 때문이고 음식 색깔이 맛있게 보여야 하기 때문이고 수증기가 올라가는 모습을 잘 보여 주기 위해서 이기도 합니다. 캠핑이나 아웃도어 요리가 안 좋다는 말은 아닙니다. 요리과정 자체를 보여 줄 때는 실내가 표현이 더 잘 된다는 의미입니다.

야외 방송이 어울리는 상품은 농산물처럼 생산현장이 중요한 상품들입니다. 신뢰도 측면에서도 농수산물은 생산 현장에서 방송하는 것이 좋습니다.

캠핑 상품도 야외 현장에서 방송하는 것이 좋습니다.

아웃도어 용품들도 야외에서 진행하는 것이 리얼해 보여서 좋습니다.

 커머스 방송은 동영상으로도 괜찮은가요?
아니면 라이브로만 해야 하나요?

V 커머스는 비디오 커머스의 준말입니다. 당연히 동영상과 라이브 둘
다 가능합니다. 동영상과 라이브는 마케팅적 속성이 다를 뿐입니다.

동영상은 상품의 특장점을 짧은 시간에 임팩트 있게 전달하기에 좋습
니다. 라이브는 상품의 특장점을 실시간으로 조작 없이 리얼하게 보여
주기에 좋습니다. 동영상이나 라이브나 모두 그 동영상이나 라이브 방

송을 본 사람들이 구매를 합니다. 그런데 동영상은 정보전달성이 강하고 실시간 방송이 아니기 때문에 바로 구매로 유도하기가 어렵습니다.

커머스 동영상 vs 커머스 라이브

커머스 동영상	커머스 라이브
1. 정보 전달 장점	신뢰구축 장점
2. 실시간 소통불가	실시간 소통가능
3. 특장점 나열	셀링포인트 반복
4. 상설 매장 판매	특설매장 판매
5. 항상 구매가능	지금만 구매가능
6. 효능 조작가능	효능 조작 불가능
7. 지금 프로모션 불가	지금 프로모션 가능

물론 영상으로도 론칭 기념 선착순 몇 명, 며칠까지 기간을 정하고 진행할 수는 있습니다만 상품 판매는 라이브로 하는 것이 유리합니다. 왜냐하면 라이브 방송은 시청자 개인마다 각자의 궁금함을 양방향 대화를 통해서 해결할 수가 있고, 실시간으로 상품의 가치(특장점)를 보여 줌으로써 강력하게 신뢰를 구축할 수도 있고, 지금 구매 시 프로모션을 진행할 수도 있기 때문입니다.

상품 판매는 라이브로 하는 것이 유리합니다. 라이브 커머스 생방송은 시청자와의 실시간 소통이 핵심입니다. 시청자와 실시간 소통하면서 상품소개를 해야 판매가 잘될 수 있습니다. 동영상은 시청자가 궁금한 것을 실시간으로 질문할 수가 없고, 실시간으로 대답을 들을 수도 없습니다.

상품을 구매할 때는 지금 필요한 것을 사는 것이기 때문에 타임 마케팅 측면에서도 라이브가 유리합니다. 왜 지금 이 상품이 시청자들에게 필요한 것인지, 왜 지금 구입하면 좋은 조건으로 구매하게 되는 것인지를 양방향 소통을 통해서 이루어지기 때문에 상품 판매를 위해서는 라이브 방송이 유리합니다.

 판매 시간대는 고정적으로 정해 두는 게 좋을까요?

방송 편성시간에 대한 질문인 것 같은데요. 초기에는 고정 편성 시간이 무의미하지만 궁극적으로는 정해 두는 것이 좋습니다. 판매 시간만이 아니라 요일까지 고정해 두고 그 시간에 정기적으로 좋은 콘텐츠와 좋은 상품을 파격 조건으로 판매한다면 구독자수는 증가하게 될 것이고, 매출도 늘어날 것입니다.

그러나 초기에는 편성시간을 고정할 필요가 없습니다. 고정해서 한다 해도 구독자수가 없기 때문에 큰 차이가 없습니다. 초기에는 내 방송 혹은 내 상품이 어느 요일, 어느 시간대에 최고 효율이 나오는지 확정을 하기 위해서라도 다양한 요일과 시간대에 방송을 여러 번 해 보면서 구독자수를 늘려나가다 스스로 이 정도면 됐다고 판단되는 시점부터 편성

시간을 정하는 것이 좋습니다. 홈쇼핑에서는 주부시간, 가족시간 기준으로 편성을 합니다만 스마트폰 생방송은 주중, 주말, 낮, 밤, 오전, 오후, 심야 등 특별히 적합한 시간대는 없습니다.

홈쇼핑은 주로 집안에서 TV로 보기 때문에 시청 시간대라는 개념이 존재하지만 1인 방송은 모바일로 시청하기 때문에 특별한 시간대가 존재하지는 않습니다. 스마트폰은 아무 곳에서나 아무 시간이나 시청할 수 있다는 것이 TV와 가장 큰 차이입니다. 다만, 새벽시간, 아침시간, 저녁시간, 밤시간처럼 인간의 생활리듬에 맞춘 편성은 TV와 모바일이 같습니다.

식품방송은 밥 먹는 시간 1~2시간 전에 하는 것이 유리합니다. 배고플 때 누가 맛있게 먹는 모습을 보면 먹고 싶기 때문입니다. 홈쇼핑에서 식품방송을 대부분 오후 4시부터 6시까지 하는 이유이기도 합니다. 왜냐하면 식품은 배가 부를 때는 아무리 맛있는 음식이라도 구매의지가 생기지 않기 때문입니다.

먹거리 방송의 경우 홈쇼핑은 대부분 오후 4~6시 시간대에 주로 하고 다른 시간대에서는 매출목표 달성이 어렵기 때문에 진행하지 않습니다. 라이브 커머스 방송은 점심 직전, 저녁 직전, 심야 시간대에 두루 할 수 있기 때문에 이 먹거리 방송 편성 면에서는 홈쇼핑보다 커머스 방송이 유리할 수 있습니다.

스마트폰 방송은 아무 곳에서나 시청할 수 있기 때문에 편성시간이 큰 의미가 없다

방송 횟수는 많을수록 좋습니다. 상품 판매를 목적으로 하는 커머스 방송은 자주 할수록 좋습니다. 홈쇼핑과 커머스 판매 방송의 공통점이 있습니다. 둘 다 시청각 매체입니다.

V 커머스 방송 타겟
시 청 자

둘 다 시각과 청각 즉, 보고 들을 내용만으로 구매 결정을 해야 합니다. 구매자 입장에서 상품을 입어 보지 못하고, 만져 보지 못하고, 먹어 보지 못하고 오직 시각과 청각을 통해 들어오는 정보로만 구매 결정을 해야 합니다. 이 부분이 V 커머스 영역의 최대 약점인데 둘 다 공통으로 가지고 있습니다.

일반적인 상품구매는 직접 체험해 보고 가성비를 따져서 구매합니다.

홈쇼핑과 1인 커머스는 구매자 그 체험을 할 수 없습니다. 체험을 할 수 없기 때문에 방송을 처음 보자마자 구매하는 소비자는 많지 않습니다. 소비자가 이미 알고 있는 상품이거나 사용하고 있는 상품일 경우는 판매 조건만 보고 구매할 수 있습니다만 세상에 처음 나온 상품이라면 처음부터 구매 결정하기란 어렵습니다.

그래서 방송을 여러 번 보게 해야 합니다. 시청자 입장에서 최소 4~20회 정도는 본 후에 구매할 가능성이 높기 때문에 매출을 올리고 싶다면 방송을 자주 하는 것이 좋습니다. 특히 신개념 신상품의 경우엔 방송을 더 자주 해야 성공할 수 있습니다. 시청자가 상품을 전혀 모르는 상태로 시작했기 때문에 시청자가 익숙해질 때까지 자주 방송을 하는 것이 좋습니다.

 커머스 생방송 최적의 시간은?

생방송 시간은 길수록 좋습니다. 동영상은 영상의 길이, 시간이 어느 정도 중요한 부분이지만 라이브 방송은 방송 시간 자체가 무의미 합니다. 생방송은 길거리 포장마차나 길거리 특설 매장 같은 것입니다. 북한산 입구에 간이 매대를 설치하고 상품을 파는 것입니다.

라이브 커머스 방송이란 말은 상품 판매하는 시간이란 말과 같습니다. '가게 오픈 최적의 시간'이 무의미한 것과 같습니다. 매장 오픈 시간을 길게 하는 것이 짧게 하는 것보다 매출이 더 많을 테니까요. 생방송 판매는 길게 할수록 매출이 더 좋아질 가능성이 높습니다. 라이브 커머스는 최소 1시간 이상 하는 것이 필요합니다.

한 상품의 특장점을 시연하며 설명하고, 시청자와 실시간 소통까지 하면서 할 경우, 설명이 끝날 때까지 30분 이상 걸립니다. 상품의 특장점을 30분에 한 번씩 밖에 보여 주지 못하기 때문에 최소 1시간은 하는 것이 좋습니다. 초기에는 한 시간 정도로 시작하고 하다 보면 자연스럽게 1시간이 짧게 느껴지기 때문에 방송 시간을 더 길게 가져가게 됩니다.

라이브 판매 방송 방송 시간은 기본 2시간은 하는 것을 권합니다. 최소 2시간은 해야 매출을 올릴 수 있기 때문입니다.

판매된 상품 배송과 상담을 어떻게 하나요?

(홈쇼핑은 전문인력이 있는데 커머스 크리에이터는 어떻게 하는지)

배송과 제품상담은 제조사나 판매사가 할 일입니다. 커머스 크리에이터는 생방송을 잘하거나 영상을 잘 제작하면 됩니다. 그런데 1인 커머스는 시청자와의 실시간 소통방송이기 때문에 내 방송을 보고 구매한 고객은 A/S관련 문의를 크리에이터에게 할 가능성이 높습니다. 구매자가 내 방송을 보고 구매했기 때문에 제품의 하자 발생 시 대부분 먼저 크리에이터에게 연락합니다.

이럴 경우 크리에이터는 귀찮아 하지 말고 제조업체와 고객 사이에서 가교 역할을 잘 해내야 합니다. 그래야 제조업체와 고객 양쪽으로부터 신뢰를 얻을 수 있습니다.

오히려 하자 문제를 제기한 고객을 확고한 내 고정 팬을 만들겠다는 자세로 친절하게 응대해서 문제를 해결해 준다면, 그 이후부터 그 고객은 확고부동한 충성고객이 될 가능성이 매우 높습니다. 하자 발생 자체가 없는 것이 가장 좋겠지만 혹시라도 하자 관련 문의가 오면 오히려 고마운 마음으로 응대하십시오. 그분이 충성고객이 될 테니까요.

Q18 라이브 방송 돌발상황 시 대처법은?

커머스 생방송 영역에서 돌발 상황은 상품 시연이 잘못될 때나 생방송 진행을 방해하는 사건발생의 경우가 대부분입니다.

상품 시연이란 상품의 가치를 실시간으로 보여 주는 것으로 판매에 큰 영향을 주는 부분입니다. 시연이 잘못되면 매출이 감소합니다. 시연은 한석봉 어머니가 불 끄고 떡을 썰듯, 농구선수가 다른 동료들 움직임을 보면서 드리블을 하듯 눈 감고도 사용할 수 있을 만큼 많이 써 본 후에 방송을 해야 합니다.

그럼에도 불구하고 시연이 잘 안될 때가 있습니다. 그럴 때는 솔직하게 설명해야 합니다. 다른 제품으로 다시 시연을 보여 주면서 원래 이렇게 잘되는 건데 아까는 왜 안 됐는지 모르겠다는 식으로 솔직하게 해야 합니다. 방송을 위해 상품 공부할 때 제조업체에게 불량률이 몇 % 정도인지 물어봐서 알고 있으면 사고 발생 시에 도움이 됩니다. 상품군 마다 다르지만 불량률이 3% 이내면 괜찮다고 합니다.

1인 커머스는 양방향 소통이기 때문에 다양한 사람들이 다양한 목적으로 방송에 참여합니다. 생방송 진행 중인데 댓글로 도배를 한다거나, 주제와 상관없는 쓸데없는 질문놀이를 한다거나, 크리에이터에게 함부로 말을 한다거나, 경쟁사 관계자가 악의적으로 질문을 한다거나 여러 각도에서 크리에이터가 흔들릴 수 있는 일들이 발생할 수도 있습니다.

이럴 경우에 내가 아는 선에서, 경험한 선에서는 자신 있게 대응하면 됩니다. 너무 전문적으로 공격하는 질문에 대해서는 모른다고 하거나, '경쟁사 관계자인 것 같아서 악의적인 목적으로 질문하기 때문에 차단합니다' 하고 차단하고 진행하면 됩니다.

돌발 상황 대처법에서 가장 좋은 자세는 솔직함입니다.

라이브 방송은 항상 실수가 발생한다

그 실수가 라이브의 맛이다

실수를 인정하고 수정하면 된다

Q19 홈쇼핑 판매 방식과 1인 커머스 판매 방식의 차이는 뭔가요?

PUSH세일 VS PULL세일

대한민국 홈쇼핑의 판매 방식은 푸시세일(PUSH SALE) 방식입니다. 라이브 커머스는 푸시세일 보다는 풀세일(PULL SALE) 방식으로 하는 것을 권합니다. 푸시세일이란 가격혜택 및 프로모션 위주로 구매를 유도하는 방식을 말합니다. '물량 밀어내기'처럼 상품을 밀어낸다는 뜻으로 '푸시세일'이라고 합니다. 홈쇼핑은 한 시간에 몇 억을 팔아야 하기 때문에 구조적으로 푸시세일을 할 수밖에 없습니다.

홈쇼핑은 일방통행식 충동구매 유도방식입니다. 구매의지가 전혀 없는 시청자가 방송채널을 돌리다 우연히 어떤 상품을 보게 되는 것이 홈쇼핑입니다. 쇼핑할 준비가 안 되어 있는 시청자들의 숨겨져 있던 니즈(지금 이 상품이 왜 필요한지)를 불러일으켜서 바로 지금 구매하게 해야 하는 곳이 홈쇼핑입니다. 홈쇼핑은 구조적 특성 때문에 충동구매유도, 푸시세일을 하지 않을 수 없습니다.

라이브 커머스는 풀세일로 하는 것이 좋습니다. 풀세일이란 상품의 가치를 보여 주어 고객이 스스로 결정하게 하는 방식입니다. 커머스 방송은 시청자와 1:1 실시간 대화를 통해서 판매하는 것이기 때문에 일방통행식 주장은 어울리지 않습니다. 마치 대화하는 상대를 두고 자기 주장만 계속 하는 상황과 비슷합니다.

홈쇼핑은 시청자와 실시간 대화를 하고 싶어도 할 수 없습니다. 커머스는 홈쇼핑에서 하고 싶어도 못하는 시청자와 대화를 하면서 판매할 수 있는 방송입니다. 홈쇼핑 방식의 푸시세일은 안 하는 것이 좋습니다. 시청자가 강요를 받으면 튕겨져 나가기 때문에 잘 팔리지 않습니다.

현재 커머스 방송을 하는 사람들이 늘어나는 추세인데 대부분 홈쇼핑 방식을 따라 하기 때문에 매출이 크게 일어나지 않는 상황입니다. 라이브 커머스방송에서 판매를 잘하려면 푸시세일이 아닌 풀세일을 해야 합니다.

 **쇼호스트와 커머스 크리에이터는
어떻게 차별화를 두어야 하나요?**

쇼호스트는 본인이 직접 상품 기획을 하지 않습니다. 커머스 크리에이터는 직접 상품을 소싱하고 기획하고 판매 전략을 수립하고 생방송을 진행합니다.

쇼호스트는 본인이 직접 촬영하지 않습니다. 커머스 크리에이터는 본인이 직접 촬영합니다.

쇼호스트는 본인이 직접 영상을 제작하지 않습니다. 크리에이터는 본인이 직접 영상을 제작합니다.

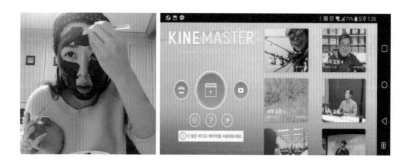

쇼호스트는 수많은 전문스태프들의 도움을 받아서 방송합니다. 크리에이터는 모든 것을 혼자 다 해야 합니다. 쇼호스트는 소비자와 실시간 소통할 수 없습니다. 카톡 문자 정도는 방송 중에 노출되기도 하지만 그역시 심의에 위반되지 않는 내용들만 선별해서 노출하기 때문에 진정한실시간 소통이라고 할 수 없습니다. 크리에이터는 방송 내내 소비자와실시간 소통방송을 합니다.

쇼호스트는 생산현장에서 생방송을 하기가 거의 불가능합니다. 쇼호스트가 홈쇼핑 스튜디오가 아닌 곳에서 생방송을 하려면 위성 차, 방송중계차와 수많은 스태프들이 동원되어야 하기 때문에 대부분 스튜디오에서만 진행하는데 커머스 크리에이터는 스마트폰으로 방송하기 때문에 전국, 전 세계 어디에서든 생방송을 진행할 수 있습니다.

쇼호스트는 헤어 메이크업, 의상코디까지 다 전문가가 해줍니다. 크리에이터는 자기 비용을 들여서 전문가에게 받거나, 스스로 해야 합니다.

쇼호스트는 결제, 배송, A/S에 관여하지 않습니다. 크리에이터는 본인이 판매한 것으로 비춰지기 때문에 방송 이후에도 배송 및 A/S에 대한 문의가 있을 때 관여해서 해결해 줘야 합니다. 최소한 제조업체나 판매업체에 연결고리 역할은 해야 합니다.

쇼호스트는 상품 디스플레이 및 소품, 시연준비 등을 하지 않습니다. 크리에이터는 본인이 직접 하거나 상품업체와 협업해서 해야 합니다.

 상품 구성을 홈쇼핑처럼 해야 하나요?

'상품 구성'이란 '오늘 이만큼을 얼마에 판매합니다'를 말합니다. 가전의 경우, 'LG 휘센에어컨 벽걸이 12평형을 시중가 100만 원인데 오늘 이 시간에 100세트 한정 80만 원에 무이자 10개월로 판매한다'

화장품의 경우, '무슨 브랜드 스킨, 로션, 세럼의 기초 3종 세트 스킨 몇 ml 몇 병, 로션 몇 ml 몇 병, 세럼 몇 ml 몇 병을 오늘 시간에 얼마에 판매한다' 이런 것을 상품 구성이라고 합니다.

대체로 상품 구성에 그날 그 시간의 프로모션이 병행합니다. '개국 10주년 특집이라 오늘만 파격적인 조건으로 판매한다'처럼 상품 구성과 가격과 프로모션은 같이 움직입니다.

1인 커머스 방송에서는 상품 구성을 홈쇼핑처럼 하면 안 됩니다.

홈쇼핑은 세트중심으로 구성을 하고 온라인은 단품위주로 구성을 합니다. 홈쇼핑은 1개 팔릴 때마다 SO비용, 콜센터비용 등 나가는 비용이 크기 때문에 판매 단가를 높일 수밖에 없습니다. 그래서 가격단가를 높이기 위해 세트 구성을 하는 것입니다. 인터넷 쇼핑에서는 세트구성보다는 소비자가 선택할 수 있도록 단품 중심으로 구성을 하는 것이 좋습니다.

구매자가 꼭 필요한 상품들만 선택할 수 있도록 단품 위주로 하는 것이 소비자를 위하는 상품 구성입니다. 홈쇼핑에서도 세트로 하고 싶지 않지만 시간당 몇 억을 팔아야 하기 때문에 저 단가 상품을 진행하지 못하는 것입니다.

홈쇼핑 단가는 식품류를 제외하면 최소 59,000원 이상이 되어야 합니다. 인터넷에서는 1만 원대로 구성해도 됩니다.

1인 커머스 방송이 홈쇼핑보다 좋은 점은 무엇인가요?

홈쇼핑은 공장에서 대량생산한 규격화된 상품을 판매할 수밖에 없는데 개인 방송에서는 개별 맞춤 방송이 가능합니다. 홈쇼핑은 국내에서만 방송이 노출되지만 개인 방송은 전 세계에 노출됩니다.

홈쇼핑은 판매할 수 없는 상품들이 수없이 많지만 개인 방송은 인터넷 몰에서 판매할 수 있는 상품이면 무엇이든 판매할 수 있습니다.

홈쇼핑은 심의가 매우 까다롭고 엄격한 반면, 개인 방송은 인터넷 쇼핑몰에서 표현할 수 있는 것은 무엇이든 표현할 수 있습니다.

홈쇼핑은 주장하는 모든 것들을 객관적 자료로 입증해야 합니다. 방송통신심의위원회가 심의하기 때문입니다. 개인 방송은 방송이 아니기 때문에 방송심의기구의 심의를 받지 않습니다.

홈쇼핑은 소비자와 직접 일대일 소통을 하지 못하지만 1인 방송은 소비자와 일대일 대화를 통해서 구매가 이루어지기 때문에 충성도가 높아집니다.

홈쇼핑 반품률은 평균 20%인데 반해 개인 방송 반품률이 5% 이하입니다.

홈쇼핑은 판매를 위한 주문유도 시간이 길기 때문에 상품설명 시간이 부족한데 비해 개인 방송은 상품을 충분히 설명할 시간이 있습니다.

홈쇼핑은 전국민의 니즈를 채워 주기 위한 내용으로 하기 때문에 개개 인별 설명이 부족하지만 개인 방송은 시청자 개인을 위한 맞춤 설명이 가능합니다

홈쇼핑과 라이브 커머스 방송은 전혀 다르다
라이브로 판매한다는 것을 빼면
모든 것이 다르다

 ## 메인 타깃층을 정해야 하나요?

라이브 커머스 방송에서 타깃은 명백하게 정하고 판매해야 합니다. 타깃이 없는 상품 판매는 좋은 매출을 할 수 없습니다. 어떤 화장품을 30 대 여성을 대상으로 판매할 때와 50대 여성에게 판매할 때는 설득 방법 이 달라져야 합니다. 평일 낮에 방송을 하면서 직장여성을 상대로 판매 방송을 하는 것보다 전업주부를 대상으로 하는 것이 더 효율적입니다.

홈쇼핑에서는 타깃을 정하고 싶어도 구조적으로 할 수가 없습니다. 1인 커머스는 타깃을 명확하게 정하고 판매할 수 있습니다. 홈쇼핑의 타깃은 30~50대, 여성 등 매우 포괄적이고 일반적인 타깃을 설정할 수밖에 없습니다.

홈쇼핑은 전 지역 전 국민 상대로 판매해야 합니다. 가령 어떤 홈쇼핑사가 어떤 상품을 경기도 사람들만 시중가 50% 할인가로 구매할 수 있다고 방송한다면 괜찮을까요? 홈쇼핑은 구조적 이유로 전 국민을 대상으로 할 수밖에 없습니다.

라이브 커머스는 타깃을 세분화해서 할 수 있습니다. 타깃을 세분화할 수 있다는 것이 라이브 커머스방송의 유니크한 장점입니다. 20대 여성, 20대 후반 직장여성, 20대 결혼준비중인 여성, 30대 남성, 30대 미혼남성, 40대 돌싱남성, 전라남도민, 대전광역시민, 임신 중 여성, 모유수유 여성 등 커머스 방송은 상황과 조건에 따라 타깃을 세분화할 수 있다는 것이 강력한 차별화 포인트입니다.

커머스 크리에이터를 꿈꾸는 분들은 이 라이브 커머스 방송만의 특권인 '타깃 세그먼트'를 극대화시키는 방송을 하는 것이 좋습니다.

타깃, 이 상품이 가장 필요한 사람은?
이 상품으로 큰 도움을 받을 대상자는?

'상품 장점의 극대화'란 상품의 여러 가지의 장점 중에서 지금 이 시점에 가장 강력한 장점을 집중 강조, 노출하는 것입니다. 소비자들 입장에서 지금 이 시점에 소비자들이 가장 필요할 것이라도 받아들일 수 있는 장점들을 집중적으로 설명하고 설득하는 것입니다.

상품의 특장점이라는 것이 제조업체나 판매업체의 일방적인 주장이지만 모든 상품은 10여 개 이상의 특장점(특징과 장점)을 가지고 있습니다. 상품 특장점의 극대화 스킬은 커머스 방송의 핵심  입니다. 책 2장에서 자세하게 설명되어 있습니다.

커머스 동영상의 길이는 몇 분이 좋은가요?

동영상의 최적의 길이는 없습니다. 커머스 동영상의 길이는 일반 동영상의 길이와 다릅니다. 커머스 동영상은 상품별로 필요한 시간이 다 다르기 때문입니다.

가령, 유명브랜드라면 브랜드를 설명할 필요가 없지만 신규브랜드라면 반드시 브랜드를 알려야 하기 때문에 브랜드 설명시간이 추가될 수밖에 없습니다.

커머스 동영상 제작에 관해서는 본론을 참조하세요.

상품에 대한 내 취향이 진리일 수 없다
70억 개의 취향 중 하나일 뿐이다

커머스 전문 크리에이터라면
상품에 대한 자기 편견이 없는 상태로
방송을 진행해야 한다

라이브 커머스

제2장

라이브 커머스 방송과
커머스 크리에이터

1인 방송의 이해

1) 1인 방송 이해

1인 방송은 개인이 모든 것을 혼자서 다 하는 방송이다. 기존 방송은 각 분야의 전문가 집단이 협업해서 만든다. 1인 방송은 일반 개인이 혼자 만든다.

기존 방송은 최고급 장비와 첨단기술들을 이용해서 만든다. 1인 방송은 스마트폰이나 캠코더로 촬영하고 컴퓨터 편집프로그램이나 모바일 앱을 이용해서 만든다. 전문성과 제작비용에서 개인 방송은 기존 방송과 경쟁할 수 없다.

따라서 1인 방송이 성공하려면 기존 방송에서 할 수 없는 것들을 해야 한다. 기존 방송에서 할 수도 있고 하고 싶기도 하지만 할 수 없는 무엇을 해야 한다.

산양삼 밭에서 고사 지내는 뚱땡이 심마니 김종광씨

기존 방송에서는 산속에서 생방송을 할 수도 없고 고사 지내는 장면을 생방송하기도 쉽지 않다.

기존 방송이 절대로 할 수 없는 것을 하는 것이 유리하다. 그것은 오직 나라서 가능한 방송, 즉 개인의 특성으로 하는 방송이다.

1인 방송은 전문가집단은 할 수 없는 나만의 방송, 집단의 결정이 아닌 나 개인의 선택인 방송이다. 기존 방송은 어떤 개인의 특이한 생각이 반영될 수 없다. 공익적이고 중립적이어야 하기 때문이다.

VJ(비디오저널리스트)와 1인 방송의 공통점은 원맨시스템이다. 개인이 촬영하고 편집한다는 점은 공통이지만 차이는 창작자 본인의 선택과 결정이 있고, 없고에 있다. VJ는 작가가 작성해 준 내용으로 찍고 편집해서 납품하기 때문에 자기 생각과 주장을 할 수 없다.

1인 방송은 본인이 기획, 작가, 연출을 다해야 한다. 처음부터 끝까지 모두 다 자기 생각이고 주장이다. 동일한 맛집을 가서 동일한 음식을 시켜 놓고 먹방을 하는 경우라도 개인마다 다 차이가 있다. 같은 여행지를 설명해도 개인마다 다 차이가 있다. 같은 노래를 부르는 사람마다 느낌이 다르듯이 지구상에 70억 개의 다름이 존재한다.

스마트폰으로 1인방송하기

1인 방송은 개인 방송이다. 개인의 생각으로 개인의 시선으로 보여지거나 재해석되는 방송이다. 시청자가 방송을 시청하는 이유는 '보상'을 받기 위함이다. 보상은 유익과 재미다. 유익하거나 재미있거나 유익하면서 재미있거나 해야 시청자가 볼 이유가 생긴다. 1인 방송은 자기만의 생각으로 시청자들이 볼 이유가 있는 영상과 라이브로 하는 것이다. 자기 생각이 들어 있지 않은 1인 방송은 1인 방송이 아니다. 자기가 직접 제작하지 않는 방송 역시 1인 방송이 아니다.

2) 1인 라이브 방송 이해

모든 방송은 라이브 방송과 녹화방송으로 구분된다. 기존 방송은 뉴스보도는 대부분 라이브로 진행하고 프로그램 쪽에서는 스포츠중계, 시상식중계, 아침마당, 100분 토론 등을 제외한 대부분의 프로그램은 편집된 녹화방송이다.

지상파나 케이블에서 라이브 방송은 특집 방송의 경우가 아니라면 대부분 녹화방송을 한다. 라이브 방송은 어렵다. 개인 방송보다 지상파 라이브 방송은 매우 어렵다. 라이브 방송은 엄청난 시간과 노력과 비용이 들어가기 때문이다. 게다가 비용문제 외에 라이브 방송은 돌발적인 사고가 발생할 가능성이 높기 때문에 방송심의 면에서도 진행하기가 쉽지 않다.

1인 라이브 방송은 스마트폰 하나만 있으면 언제 어디서나 방송을 할 수 있다.

　기존 방송은 자기 방송채널에서 진행하지만 1인 방송 채널은 유튜브, 페이스북, 인스타그램, 카카오 등 SNS 플랫폼에서 송출한다. 기존 방송은 국내에서만 노출되지만 1인 라이브는 전 세계에 노출된다. 동영상은 지나간 과거다. 라이브는 현재시간이 흘러간다. 인터넷에서는 라이브 방송을 스트리밍(streaming)이라고 하는데, 모든 순간이 흘러간다는 의미다. 라이브 방송의 장단점이 매 순간 시간이 흘러 지나간다는 것이다.

과거는 이미 흘러가서 없고 미래는 예측할 수 없다. 미래예측이 안 되기 때문에 라이브가 재미있다. 스포츠중계를 녹화방송으로 보는 것과 실시간 생중계로 보는 것의 차이는 어마어마하다. 라이브 방송의 가장 큰 장점은 신뢰구축이다. 실시간으로 벌어지는 모습들을 보여 주는 것이기 때문에 편집, 조작이 불가능하다. 시청자들에게 신뢰가 중요한 영역이라면 라이브 방송을 하는 것이 좋다. 라이브 방송은 무 대본 무리허설 무 NG 방송이다.

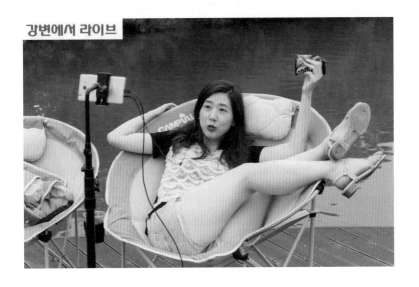

라이브 방송은 큐시트(방송진행순서)는 있을 수 있지만 대본은 있을 수 없다. 스포츠 중계방송에서 미래를 알 수가 없기 때문에 미리 대본을 써 놓을 수가 없다. 시상식 중계 같은 방송에서도 수상자의 소감이 어떻게 나올지 모르기 때문에 진행자의 멘트를 미리 써 놓을 수가 없다. 같은 이유(미래를 알 수 없다는)로 리허설도 완벽하게 진행할 수 없다. 흘러가는 것이기 때문에 NG를 낼 수가 없다. 시간을 과거로 돌릴 수 없기 때문이다. 그래서 라이브 방송은 실수를 했을 때 바로 실수를 수정해 가며 방송해야 한다.

그렇다면 1인 방송 크리에이터는 어떤 라이브를 해야 하는가? 생중계가 편집영상보다 재미있는 장르를 라이브로 하는 것이 좋다. 기존 방송사에서는 생방송으로 할 수 없는 장르를 라이브로 하는 것이 좋다. 생중계가 재미있는 장르는 싸움장르, 게임장르, 스포츠장르처럼 승부가 걸린 장르들이다. 스포츠방송은 결과를 알고 보는 녹화방송이 라이브중계보다 재미없다. 모든 경쟁, 싸움, 갈등은 라이브로 봐야 재미있다.

육상 종목을 예로 들면 100m부터 달리는 거리가 길수록 지루해진다. 100m보다 10,000m가 더 지루하다. 동일한 바퀴를 20번 반복해서 봐야 하기 때문이다. 마라톤 역시 지루한데 마라톤은 그나마 달리는 선수 배경이 변하는 맛이 있고 길거리 관객들의 반응이 있어서 운동장을 25바퀴 도는 육상 10,000m보다 덜 지루하다. 장거리 육상에서 유일하게 지루하지 않는 시간은 골인 100지점 정도부터다. 그래서 육상대회 중계 방송할 때 장거리는 스타트할 때 보여 주고 다른 종목 보여 주다가 한두 바퀴 남았을 때 다시 보여 주는 것이다.

무대공연을 라이브로 보는 것과 녹화로 보는 것은 큰 차이가 있다. 대부분의 무대공연은 실황중계라는 이름의 라이브로 봐야 재미있다. 서커스단 공연은 라이브로 봐야 재미있다. 마술 쇼 공연도 라이브로 봐야 재미있다. 승부가 아닌 것 중에서는 뷰티 비포애프터처럼 시작과 끝의 차이가 큰 것들이다.

라이브 방송으로 하면 재미없는 것들은 무엇일까? 같은 그림으로 변하지 않는 것들은 라이브가 적합하지 않다. 꽃이 피는 모습을 라이브로 하면 재미있을까? 만약 7일 동안에 꽃이 핀다면 7일 동안 라이브를 보고 있을 시청자가 있을까?

도자기를 굽는 가마모습, 사골을 몇 시간 동안 끓이는 모습처럼 진행과정에서 다음 단계로 넘어가기 위해 긴 시간이 필요한 장르는 라이브보다 편집영상이 적합하다. 대부분의 무대공연은 라이브로 봐야 재미있다. 서커스단 공연은 라이브로 봐야 재미있다. 마술 쇼 공연도 라이브로 봐야 재미있다.

라이브는 끊임없이 변화해야 한다. 피사체가 움직이거나 카메라가 움직이거나 해야 한다. 스마트폰 1인 방송은 울진 대게 잡이 선상에서 라이브를 할 수 있다.

지리산 산행 과정을 라이브로 할 수 있다. 천왕봉에서 노래하는 것을 라이브로 할 수 있다. 돼지 도축 장면을 라이브로 보여 줄 수 있다. 실제 싸우는 모습을 라이브로 방송할 수 있다.

기존 방송에서는 산행과정을 라이브로 할 수 없다. 고기잡이 배를 타고 선상에서 생방송을 할 수 없다. 물속에서 생방송을 할 수 없다.

영상제작보다 라이브가 더 어렵다고들 하는데 그렇지 않다. 제작 문법이 다를 뿐이다. 영상 편집도 어렵고 라이브 방송도 어렵다. 어려운 속성이 다를 뿐이다. 요즘은 라이브가 대세다. 시작은 영상제작으로 하고 어느 정도 경력이 쌓인 후 라이브를 하겠다고 말하는 사람들이 의외로 많다. 초보인 경우엔 라이브로 먼저 시작하는 것이 현명하다. 영상제작부터 시작하면 힘들어서 중도 포기할 가능성이 높기 때문이다.

2 라이브 커머스 방송의 이해

1) 커머스 방송의 이해

커머스 방송이란 1인 크리에이터가 SNS(유튜브, 페이스북, 인스타그램, 카카오톡 등)나 라이브 커머스 쇼핑몰에서 생방송 혹은 동영상으로 상품을 판매하는 것을 말한다.

- 커머스 방송 판매는 전철 판매와 비슷하다
- 시청자가 들어오고 나가는 것이 완전자유다
- 쇼핑 의지가 전혀 없는 사람들을 상대로 팔아야 한다
- 봐 주지 않고 들어주지 않는다
- 쉽게 믿지 않는다
- 지금 그 자리에서 팔아야 한다

커머스(commerce)는 상업이라는 뜻으로 상품거래, 판매를 의미한다. 커머스는 commercial(1. 상업의, 2. 이윤을 낳는, 상업적인 3. 영리 위주의, 상업적인)의 명사다. CF가 커머셜 필름의 이니셜이다. 인포머셜은 인포메이션과 커머셜의 합성어다.

2) 커머스 마케팅과 일반 마케팅의 차이

가. 커머스 마케팅은 동영상이나 실시간 생방송으로 한다

커머스 마케팅은 시간과 장소와 상황에 따라 시청자가 변하기 때문에 매방송 때마다 그때에 맞는 마케팅 전략을 수립해서 해야 한다.

나. 포지셔닝의 차이

포지셔닝의 사전적 정의가 '소비자의 마음속에 자사제품이나 기업을 경쟁기업능력과 관련하여 가장 유리한 포지션에 있도록 노력하는 과정'이다. 이 포지셔닝은 V 커머스에서도 비슷하다.

커머스는 포지셔닝을 실시간으로, 그 자리에서 해야 한다는 차이가 있다. 이 제품이 오픈마켓 판매 1위, 휘센 에어컨이 세계 판매 1위, 소비자 만족도 1위, 수출 1위…이런 내용들을 실시간 생방송으로 설득해서 그 자리에서 구매하게 해야 하기 때문이다.

다. 구매의사가 없는 사람들에게 팔아야 한다

시청자들이 지금 사게 해야 한다. V 커머스 마케팅과 일반 마케팅은 비슷한 부분도 있고 다른 부분도 있다. 기존 마케팅 이론과 비슷한 점이 있다 해도 접근 각도와 적용 방법에 큰 차이가 있는데 그중 가장 큰 차이가 구매의사가 없는 사람에게 팔아야 하다는 것이다.

광고는 사람들에게 상품의 이미지를 각인시켰다가 필요할 때 그 상품을 선택하게 하기 위해서 하는 것인데 반해 V 커머스는 지금 여기에서 사게 해야 한다. 내일이나 다음주에 사게 해도 안 되고, 다른 쇼핑몰이나 매장에 가서 사게 해도 안 된다.

라. 시청각으로만 설득해야 한다

시청자는 시각과 청각만으로 의사결정을 할 수밖에 없는 존재다. 커머스 방송의 타깃은 시청자다. 이 시청자를 전제로 하기 때문에 커머스는 시각과 청각에 의존해서 마케팅을 해야 한다.

시청자는 방송이든 영상이든 모두 보고 듣는 정보만으로 구매를 하게 해야 한다. 일반적인 쇼핑은 소비자가 보고 듣는 것 외에 냄새 맡고, 맛

보고, 만져 보고 구매 결정을 하는 데 반해 커머스 방송은 오직 시각과 청각을 이용해서 판매를 해야 한다.

이 부분이 커머스의 가장 치명적인 약점이다. 시각과 청각에만 의존해서 구매 결정을 유도해야 하기 때문이다. 보여 주는 것과 들려 주는 것 외에는 다른 설득 장치가 없다. 냄새를 느낄 수도 없고, 먹어볼 수도 없고, 입어 볼 수도 없고, 발라 볼 수도 없고, 앉아 볼 수도 없다. 오직 보이는 것과 크리에이터의 설명만으로 상품의 가치를 느껴야 한다.

사람들은 대부분 상품을 직접 체험해 보고 구매 결정을 한다. 옷은 만져 보고, 입어 보고, 음식은 시식해 보고, 침대는 앉아 보고, 화장품은 발라 본 후 만족했을 때 구매한다. 그런데 커머스는 그렇게 체험시켜 줄 수가 없다. 오직 보이는 것과 들리는 것으로만 판단해야 한다.

그렇기 때문에 V 커머스에 적합한 상품은 보여 줄 것이 많은 상품이다. 상품의 가치, 특징, 장점, 효능과 효과를 영상이나 생방송으로 보여 줄 것이 많은 상품이 V 커머스로 성공할 가능성이 높다. 상품의 가치를 보여 주기 어려운 건강식품, 화장품 등이 커머스 영역에서 대박 나기가 가장 어렵다. 정관장의 효능을 보여 줄 수가 없기 때문이다.

기초화장품의 효능을 보여 줄 수가 없기 때문이다. 패션, 의류, 잡화 등 상품의 비주얼이 핵심인 상품은 커머스로 성공하기 쉽다. 또한, 효능 효과를 실시간으로 보여 줄 수 있는 상품이라면 성공하기 쉽다.

3) 커머스는 생방송으로

라이브 커머스 정의는 무대본, 무리허설, 양방향 생방송이다. 뉴스, 토크쇼 등 모든 다른 방송은 대본이 있다. 그러나 라이브 커머스는 대본이 없다. 스포츠 중계방송 외에 대본이 없는 유일한 방송이다. 커머스 크리에이터를 준비하는 사람들은 커머스가 대본 없고 리허설 없는 실시간 생방송이라는 것을 이해하는 것이 중요하다. 생방송은 '대충 이렇게 갈 것이다'라는 진행 순서만 가지고 해야 한다. 진행순서는 오프닝 → 상품 구성 → 상품 설명 → 주문 유도가 기본이다. 이 기본적인 틀은 있지만 대본은 없다.

라이브 커머스 방송은 대본이 없는 방송이면서 리허설도 없는 생방송이다. 큰 틀만 유지한 채 실시간으로 고객들 반응에 대응해야 하기 때문에 리허설이 무의미하다. 이런 이유로 단기간에 실력자 커머스 크리에이터가 나오기 힘들다.

커머스 크리에이터를 꿈꾸는 사람들은 이 생방송이라는 특성을 잘 깨달아야 한다. 생방송은 흘러가는 것이다. 라이브로 대본 없이 말을 해야 한다는 것은 매우 어려운 일이다. 생방송은 실수가 당연하다. 인간이라 어쩔 수 없이 실수할 수밖에 없다. 생방송에서는 실수를 안 할 수가 없다. 맨날 하는 발음도 어느 순간 잘못 발음할 수 있고, 무심코 얘기하다가 다른 얘기가 나올 수도 있다. 그러나 실수가 중요한 것이 아니다. 누구나 실수할 수 있고 실수를 한다. 실수를 했을 때 수정해서 다시 하면 된다. 생방송에서 단순한 실수는 실수가 아니다. 만약 실수를 했다면 바로 수정하면 된다. '제가 실수했습니다' 이렇게 말하고 계속 방송하면 된다. 중요한 것은 실수가 있었을 때 당황하지 않고 수정해서 전달하는 것이다.

현대인은 매일 거래를 한다. 먹을 때, 이동할 때, 취미 활동할 때 등 거래를 하지 않는 날은 거의 없다. 현대인은 쇼핑으로부터 자유롭지 않다. 너무나 많은 상품들이 서로 제 잘남을 뽐내며 온 오프라인에 노출되어 있다. 따라서 현대인은 구매 결정이 너무 힘들다. 구매 결정 장애의 시대다. 네이버 쇼핑에서 '사과'로 검색을 하면 90만 개 이상이 검색된다. 소비자는 어떤 사과를 구매해야 잘한 구매인지 결정하기가 너무 어렵다.

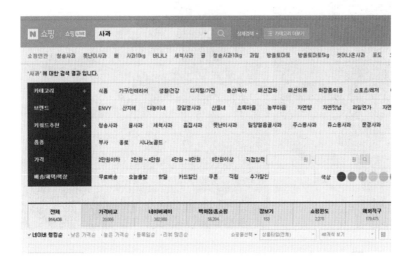

커머스 영역은 1인 크레이이터 영역 중에서 가장 다양한 방법으로 시청자에게 도움을 줄 수 있는 영역이다. 시청자 구매 결정을 도와주기도 하고 화장법, 요리법, 의상 코디법 등 수많은 생활정보를 줄 수도 있다.

4) 상품 판매를 위해 가장 중요한 것은 소비자의 믿음

커머스 방송에서 소비자입자에서 중요한 것은 믿음이다.

생방송으로 주장하는 내용을 소비자가 믿어야 구매를 하기 때문이다. 동영상은 상품의 효과를 극대화하기 위해 사용 전 사용 후(비포애프터)를 조작할 수 있지만 생방송은 불가능하다.

생방송이 할 수 있는 최대한의 조작(?)은 시연이 잘되게 하기 위한 노력들뿐이다.

녹즙기인데 밥을 넣으면 떡이 된다고 주장하기 위해 밥을 미리 준비하는데, 일반 밥처럼 하면 떡이 잘 안 되기 때문에 밥을 찰지게 하고, 밥알에 기름을 발라 준 다음 생방송 시연을 하면 떡이 잘 된다.

도깨비망방이의 강력한 파워를 보여 주기 위해 생고기를 준비하는데 살짝 얼린 고기를 넣어서 분쇄한다. 일반 생고기는 잘 안 갈린다.

커머스 방송은 라이브 형식으로 하는 것이 좋다. 그 이유는 대부분의 상품은 요즘 필요한 상품들이 시장에 나온다. 패션, 스타일에서 이미용, 식품, 여행 등 소비자들이 요즘 필요한 상품이어야 구매가 잘 이루어지기 때문이다.

계절파괴 상품이나 제수용품처럼 특수한 상품이 아니라면 바로 지금 필요한 상품이 팔린다. 국민브랜드거나 유명브랜드 상품을 파격적으로 세일하는 것이 아니라면 소비자들이 1~2분 정도 편집된 영상을 보고 바로 구매하기 쉽지 않다. 가령 비브랜드 기초화장품처럼 알려져 있지 않은 상품인데 2분 이내 편집된 영상을 보고 바로 주문하기란 거의 불가능하다.

국민브랜드, 유명브랜드는 가격을 낮추거나 파격적인 세일을 하는 경우라면 소비자는 1분짜리 영상으로도 구매할 수 있지만 그렇지 않는 대부분의 상품은 크리에이터가 보여 주고 들려 주는 그 상품의 가치에 공감해야 구매를 한다.

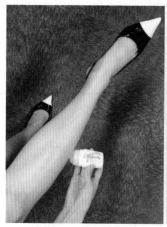

라이브는 거짓말을 할 수 없다. 마술 쇼가 아니라면 조작할 수 없다. 상품 판매 영역에서 신뢰는 매우 중요하다. 편집영상은 임팩트있는 영상들 위주로 편집하기 때문에 실제 사용모습, 설치모습 등을 제대로 보여 주기 어렵다.

소비자가 방송주장에 동의, 공감하지 않는다면 주문하기 어렵다. 그래서 커머스 영역에서 소비자 신뢰는 가장 중요하다. 커머스는 라이브로 하는 것이 좋다. 물론 편집영상이 나쁘다는 말이 아니다 편집영상이 적합한 영역도 있고 생방송이 적합한 영역도 있다. 생방송은 마술 쇼가 아닌 한 조작할 수 없기 때문에 라이브로 하는 것이 효율적이다.

5) 커머스는 실시간 마케팅

라이브 커머스는 타임 마케팅이다. 한국은 보름에 한 번씩 계절이 바뀐다. 라이브 커머스는 지금 구매해야 하기 때문에 그 자체가 타임 마케팅이다.

대게잡이 배에서 생방송 판매하는 모습, 라이브킹 크리에이터 홍경화

지금 사게 하려면 어떻게 해야 할까? "오늘 무조건 조건이 좋으니까 오늘 사세요." 이렇게 말하면 살까? 지금 필요한 게 아니라 3개월 뒤에 필요한 상품이라면 지금 살 이유가 있을까?

모든 상품은 계절에 관계없는 상품과 계절과 관련 있는 상품으로 구분할 수 있다. 패션은 봄, 여름, 가을, 겨울 옷이 다 알아서 변하기 때문에 계절상품인 반면 건강, 주방, 식품류는 계절이 따로 없다.

커머스 방송은 기초화장품을 1월과 4월에 방송한다고 치면 방송내용이 달라져야 한다. 1월이면 계속 겨울로 팔아야 하고 할 것이고 4월 봄이면 봄으로 팔아야 한다. 상품은 똑같은데 표현은 계절마다 시간마다 달라야 좋은 매출을 기대할 수 있다. 5월 30일 방송과 6월 15일 방송은 보름 차이가 나지만 방송내용이 달라야 한다. 5월 말 방송은 여전히 봄 언저리에 초여름 느낌이라 더위로 설득을 하지는 않는데 6월 15일에는 여름을 가지고 해야 되기 때문이다.

방송내용이 달라야 한다는 말은 크리에이터 멘트만 달라야 한다는 것이 아니다. 방송세트와 디스플레이 등 비주얼 요소들도 달라야 하고 셀링 포인트도 달라야 한다는 말이다.

모든 상품이 그렇다. 식품일 경우에도 똑같은 굴비를 가지고 겨울에는 찌개 중심으로 여름에는 찬밥에 말아먹는 밥 반찬으로 중심으로 설득한다. 상품은 그대로인데 사람의 상태가 계절과 시간에 따라 변하기 때문에 그 시간, 계절에 맞춰서 설득해야 한다.

1월달에 방송한 내용을 4월에 그대로 재방송한다면 좋은 매출을 기대하기 어렵다. 1월달 방송내용과 4월달 방송내용이 달라야 한다. 1월 내용과 4월 내용이 달라야 생방송을 하는 이유가 설명된다. 왜냐하면 사용하는 사람들의 주변환경과 상태가 변해 있으니까 그 변화에 맞춰서 설득을 해야 매출이 잘 나오기 때문이다. 요즘은 배송이 이틀 만에 되니까 방송 날이 목요일이라면, 이번 주말에 이 상품을 가지고 당신이 행복해할 모습, 만족해할 모습들을 느끼게 해 줘야 매출이 잘 나온다.

그래서 커머스 크리에이터는 계절의 변화, 시간의 변화, 사람들의 트렌드 변화 이런 것들을 끊임없이 공부해야 한다. 한달 전이랑 지금 방송 내용이 똑같다면 생방송을 할 이유가 없다. 평일 낮 시간대에 직장인 상대로 판매하면 매출이 좋을 수 있을까? 평일 새벽 한 시에 60대를 대상으로 방송하면 매출이 좋을까? 아침 6시에 20대를 상대로 방송하면 좋은 매출이 나올까?

라이브 커머스 방송은 시간대별로도 방송내용이 달라야 한다. 새벽 시간대, 주부 시간대, 밤 시간대마다 방송내용이 달라져야 한다. 새벽 시간대에 잠에서 깨어 있는 젊은 층은 별로 없다. 낮 시간대는 직장인이 생방송에 참여하고 질의한 다음 구매 결정까지 하기 어렵다. 밤 12시까지 깨어 있는 60대는 많지 않다. 동일한 상품이지만 아침 시간대와 밤 시간대는 타깃이 변하기 때문에 방송내용이 달라야 한다. 커머스 생방송을 하는 가장 큰 이유가 타임 마케팅이다. 지금 필요를 느끼게 해서 지금 구매하게 해야 하기 때문이다

6) 라이브 커머스 방송의 특성

가. 라이브 커머스 방송은 시작과 끝이 없다

커머스 방송은 시청자(소비자) 입장에서 시작과 끝이 없다. 방송하는 입장에서는 시작과 끝이 있지만 시청자에게는 시작과 끝이 없다. 어떤 시청자가 우연하게 방송을 보기 시작하면 그게 시작이고, 보다가 관심 없어서 나가면 그게 끝이다.

일반 방송은 대부분을 시작부터 본다. 중간에 들어온 사람들이라도 내용이 재미있으면 끝까지 본다. 그러나 라이브 커머스는 입출입이 자유롭기 때문에 시작과 끝이 없다. 처음 방송에 입장한 사람에게는 그때가 그 방송의 시작이다.

나. 라이브 커머스는 반복한다

일반 방송은 반복하지 않는다. 일반 방송은 기승전결이 있다. 한번 보여 준 내용을 회상 장면 아니고서는 다시 보여 주지 않는다. 일반 방송은 처음에 맛있게 먹었으면, 나중에는 맛있게 먹지 않아도 되는데 라이브 커머스는 처음부터 끝까지 맛있게 먹어야 한다. 라이브 커머스는 기승진결이 아니기 때문이다. 커머스 방송은 매출에 도움이 될만한 임팩트 강한 내용들을 반복적으로 방송해야 한다. 시작과 끝이 없기 때문이다. 이런 면에서 라이브 커머스는 전철에서 판매하는 것과 속성이 비슷하다. 소비자가 수시로 들락거리고 매 1분마다 들어오는 사람, 나가는 사람이 수시로 변한다.

다. 라이브 커머스는 임팩트의 반복이다

시시각각으로 처음 들어오는 사람들도 만족시키면서 지금까지 봐온 사람들을 설득시켜서 사게 하려면 어떻게 해야 할까? 구매의지가 전혀 없는 사람들이 우연하게 방송을 보는 것이기 때문에 임팩트 강한 내용들로 반복되어야 좋은 매출을 기대할 수 있다. 라이브 이기 때문에 가장 강력한 내용들로 자주 반복해야 좋은 매출을 할 수 있다.

라이브는 10초 이내에 시청자를 잡지 못하면 대박 매출을 할 수 없다

 커머스 크리에이터의 자세와 준비

커머스 크리에이터란 온라인 공간에서 생방송과 동영상을 이용해서 상품을 판매하거나 홍보하는 1인 방송인을 말한다. 유튜브, 페이스북, 인스타그램 등에서 동영상과 라이브 방송으로 상품 판매를 전문으로 하는 1인 제작자를 말한다. 일반적으로 크리에이터란 1인 방송 제작자를 말하는데, 통칭 '콘텐츠 크리에이터'라고 한다.

콘텐츠를 무엇으로 하느냐에 따라 게임 크리에이터, 뷰티 크리에이터, 패션 크리에이터, 먹방 크리에이터, 여행 크리에이터 등으로 구분한다. 이 중에서 상품 판매를 목적으로 1인 방송을 제작하는 사람을 커머스 크리에이터라고 한다. 중국의 왕홍이 커머스 크리에이터다.

상품 판매 영역(이하 커머스)은 커머스 전문 크리에이터와 피피엘 일반 크리에이터로 구분된다. 커머스 전문 크리에이터가 아닌 일반 크리에이터는 협찬 상품 PPL 방송을 하기 때문에 커머스 영역으로 분류한 것이다.

1) 몸 만들기

크리에이터가 커머스를 하기 위해 몸을 만든다는 말은 무엇인가? 운

동선수도 아닌데 몸을 만든다는 의미는 무엇인가?

 패션, 스타일 상품을 판매하고 싶은 크리에이터는 비만하면 안 된다. 좋은 매출을 기대하려면 상품이 예뻐야 하고, 상품이 예뻐 보이려면 상품을 입은 모습이 예뻐야 하기 때문에 비만하지 않은 몸을 만들라는 의미이다. 물론 빅사이즈 패션만을 진행할 계획이라면 비만해도 상관없다. 몸매를 만드는 기준은 옷을 입었을 때 예뻐 보이는 정도면 된다. 뷰티 제품을 판매하려는 크리에이터는 얼굴을 준비해야 한다. 피부상태가 안 좋은 사람이 어떤 기초화장품을 좋다고 하면 시청자가 동의가 안 되기 때문이다.

기초화장품은 예쁜 얼굴보다 피부 좋은 얼굴이 더 중요하다. 물론 피부 좋고 예쁘면 금상첨화겠지만 우선 피부가 좋아야 한다. 기초 계열이 아닌 상품군에서는 얼굴이 못생겨도 애프터가 아름답게 변할 수 있다면 상관없다.

뷰티 크리에이터는 뷰티 제품을 방송하는 날 좋은 피부상태를 위해 준비해야 한다. 화장이 잘 먹을 수 있는 피부를 위해 전날 과로, 음주는

하지 않는 것이 상품공급업체에 대한 예의다. 식품을 판매할 때는 판매하기 전 5~6시간을 아무것도 먹지 않아야 한다. 그래야 맛있게 먹을 수 있다.

식품은 시청자 입에 침 고이게 하면 된다. 침 고이게 하는 방법은 크리에이터가 맛있게 먹는 것이다. 배고프면 굳이 표정연기를 하지 않아도 맛있게 먹을 수 있기 때문에 배고픈 상태로 방송을 해야 한다고 하는 것이다.

커머스 크리에이터가 비만하면 진행할 상품이 거의 없다. 패션, 잡화 등 스타일 관련된 모든 상품 안 되고, 건강식품 및 건강용품도 안 되고, 다이어트 상품도 안 되고, 운동기구도 안 된다.

의류는 모델이나 크리에이터가 그 옷을 입어서 예뻐 보이지 않으면 구매하지 않는다.

　다이어트상품은 비만한 사람이 다이어트 방송 자체를 하기가 불가능하고 건강식품도 그 상품을 먹으면 뚱뚱해질 수 있다는 생각 때문에 구매가 안 되고 일반식품은 맛있게 먹은 결과가 뚱뚱한 모습으로 이어지기 때문에 구매가 쉽지 않고 운동기구도 열심히 헉헉대며 뛰는데 뚱뚱하면 운동기구의 효능효과를 의심하기 때문에 주문을 하지 않게 된다. 뚱뚱하면 빅사이즈 관련 제품 외에 진행할 수 있는 상품이 거의 없기 때문에 커머스 영역을 하려고 하는 크리에이터는 먼저 몸 만들기부터 해야 한다.

2) 상품을 대하는 자세

상품을 대하는 자세란 상품에 대한 편견 없이 상품을 대하는 자세를 말한다. 편견이란 크리에이터 본인의 경험을 통해 얻은 자기만의 생각이다. 커머스 크리에이터는 자기 개인의 지식과 경험으로 상품을 판단하면 안 된다.

크리에이터가 개인적으로 '노스페이스'를 좋아한다고 해서 블랙야크, k2 등의 다른 브랜드를 안 좋은 상품으로 판단하면 안 된다. 자기 피부에 태평양 화장품이 맞는다고 해서 다른 기초화장품을 안 좋은 상품으로 생각하면 안 된다. 커머스 크리에이터는 연기자가 캐릭터를 받아들이기 위해 몸을 비우듯, 모든 소비자의 입장을 위해서 내 개인의 편견을 버려야 한다. 인간이 만든 모든 제품은 완전무결하지 않다. 모두 다 장점이 있고 단점이 있다. 내가 개인적으로 좋아하지 않는 상품은 나에게 안 좋을 뿐, 타인에게는 좋은 상품이 될 수 있다. 내 피부가 건성이면 건성용이 나에게 맞는 상품이고 지성용은 전혀 안 맞는 상품이 된다. 모든 인간에게 완벽하게 들어맞는 상품은 존재할 수 없다. 개인의 취향은 취향일 뿐 상품의 품질과 관련이 없다. 커머스 크리에이터는 편견 없이 상품을 공부하고 준비해서 방송해야 한다. 자기 취향이 진리가 아니고 개인적인 취향일 뿐이기 때문이다.

3) 시청자를 대하는 자세

시청자를 대하는 자세는 친절하고 구체적이고 솔직해야 한다. 시청자는 상품에 대한 전문가도 아니고 지금 판매하는 상품에 대한 사전 정보도 없기 때문이고 상품을 구매할 계획이 없는 상태로 커머스 방송을 보기 때문이다. 게다가 시청자는 보고 들을 수밖에 없는 존재다.

일반적인 쇼핑은 보고, 듣고, 냄새 맡아 보고, 먹어 보고, 만져 본 다음 구매 결정을 하는 반면 커머스 시청자는 냄새 맡고, 먹어 보고, 만져 보지 못하고 오로지 보고 들은 내용만으로 구매를 결정해야 한다. 시청자가 이런 상태이기 때문에 커머스 방송은 상품의 가치(특장점)를 친절하고 정확하게 보여 주면서 솔직하게 설명해야 한다.

일반 크리에이터가 피피엘 상품 소개할 경우는 전문가가 아니라 일반 소비자 입장에서 소개하는 것이 좋다. 자기콘텐츠 영역이 아닌 상품이라도 일반 소비자 입장이므로 상관없다. 가능하면 전문가를 모셔서 소비자 입장에서 대신 질문하고 대신 사용해 보는 것도 좋다.

4) 커머스 방송 준비사항

판매 방송할 때 준비할 것들은 수없이 많은데 그중에서도 가장 중요한 것은 방송장소를 상품의 가치(특장점)가 돋보일 수 있는 곳에서 하는 것이다. 그 상품이 있어야 할 곳, 혹은 그 상품이 그곳에 있음으로 해서 더욱 좋아 보이는 곳에서 방송하는 것이 좋다.

가. 실내 방송

실내나 세트에서 할 때는 디스플레이를 상품이 돋보이게 할수록 좋은

매출을 기대할 수 있다. 의류나 메이크업 상품류는 야외보다 실내에서 하는 것이 좋다. 야외에서는 조명 통제가 불가능하기 때문이다. 빛의 밝기에 따라 상품의 색이 수시로 변하기 때문에 상품의 본 색깔을 지속적으로 표현하기가 쉽지 않다.

나. 야외 방송

의류, 화장품처럼 색에 민감한 상품군을 제외한 대부분의 상품은 야외에서 생방송을 진행하는 것이 좋다. 스튜디오 임대비, 세팅비 등 비용도 들지 않고 영상도 좋기 때문이다. 시청자 눈에도 실내 배경보다 야외나 현장 배경이 그림이 더 좋다.

야외 로케이션은 중요하다. 농수산물의 경우엔 무조건 생산현장에 가서 방송하는 것이 좋다.

다. 크리에이터 자신

크리에이터는 상품이 돋보이는 의상과 헤어, 메이크업을 해야 한다.

운동기구를 팔면서 정장을 입고 진행할 수 없듯이 식품을 팔면서 드레스를 입고 할 수 없듯이, 여행상품을 팔면서 정장구두를 신고할 수 없듯이, 크리에이터는 상품을 돋보이게 하는 모델이 되어야 한다.

커머스 방송은 화면에 보이는 모든 것들이 상품의 가치가 돋보이도록 준비가 되어야 한다. 단, 복잡하지 않고 산만하지 않고 심플하게 해야 한다. 복잡하면 시청자가 집중하지 못하기 때문이다. 복잡하면 시청자가 혼란스러워하기 때문이다.

1인방송은
시청자의 눈을보고
(카메라렌즈를 보고)
대화하는 방송이다

1) 일방적 브리핑하지 말고 대화를 하라

일반 방송은 일방으로 시청자에게 전달하는 방송이지만 1인 방송은 양방향 소통방송이다. 내가 먼저 이야기를 시작하면 시청자가 댓글로 질문하고 그 댓글에 대답하는 방식으로 방송을 하면 된다.

시청자와 1:1 대화를 한다는 것이 1인 방송의 가장 큰 힘이다.

기존 방송은 일방통행 방송이다. 1인 방송은 양방향 소통 방송이다. 1인 방송은 1:1 소통방송이다. 대화를 하는 방송이기 시청자와 눈을 마주보며 방송해야 한다. 눈을 보며 말하지 않으면 시청자 입장에서 남을 향해 말하는 것처럼 느껴져서 관심이 약해진다.

스마트폰 카메라 렌즈가 시청자 눈이다. 1인 방송을 카메라 렌즈를 보며 소통하는 방송이다.

1인 방송이 기존 방송에 비해 기술적인 면에서부터 기획까지 내세울 장점이 거의 없는데 유일하게 '실시간 양방향 소통' 이 부분만 내세울 수 있다.

TV 홈쇼핑 방송도 일방통행 방송이다. 구매자 개인의 궁금증을 방송에서 보여 주지 못한다. TV 홈쇼핑에서는 일방적으로 설득할 수밖에 없다. 매출 목표를 달성하기 위해서도 소통할 시간이 안 되고 방송심의 때문에라도 양방향 소통을 할 수 없다.

홈앤쇼핑 정세라 쇼호스트　　　　　롯데홈쇼핑 이현숙 쇼호스트

TV 홈쇼핑에서는 실시간 양방향 소통을 하고 싶어도 방송심의 때문에 할 수 없다. 전화 연결 같은 것을 해서 사용자 후기들 인터뷰하면 효과가 큰데, 상품 공급업체쪽에서 미리 섭외해 둔 사람이 좋은 말만 할 수도 있고, 과장된 표현을 할 수도 있어서 홈쇼핑에서는 실시간 양방향 소통을 할 수 없다. 콜센터를 통해 실시간으로 고객과 소통할 수 있으나, 그것은 방송현장에 직접 연결되는 것이 아니기 때문에 실시간 양방향 소통이 아니다. 고객의 질문이 방송에 바로 노출되지 않기 때문이다.

1인 커머스 방송은 구매자와 실시간 양방향 소통을 한다. 이 부분이 1인 커머스 방송이 TV 홈쇼핑과 충돌하지 않는 부분이기도 하다. 이 부분이 1인 커머스 방송에서 TV 홈쇼핑에서 판매할 수 없는 상품들을 판매할 수 있는 이유이기도 하다.

시청자와 일대일 대화방송, 이것이 1인 커머스 방식의 가장 큰 장점이다. 시청자와 실시간 1:1 대화를 주고받을 수 있는 방송은 1인 방송 외엔 없다. 시청자와 대화하는 방송이 1인 방송이다.

2) 대본 낭독이 아니라 내용 설명을 하라

1인 방송은 시청자와 대화를 하는 것이지 웅변을 하는 방송이 아니다. 상품 설명을 할 때도 1미터 거리에 앉아 있는 사람과 대화하듯 설명해야 한다. 1인 방송은 피피티 발표가 아니다. 1인 방송은 일방통행 강요가 아니다.

어떤 내용을 브리핑하듯 10분간 설명한다면 그 방송을 보고 있을 사람이 있을까 하물며 엄청난 비밀폭로 내용도 아니고 상품 판매를 하는 것이라면 더욱이 보지 않을 것이다. 상품의 특장점을 주제로 시청자들 개인 관심사에 맞춰서 대화해야 한다.

3) 말은 상품의 가치를 보여 주면서 천천히 하라

내가 하려는 말은 나만 알고 있다. 내가 보여 주려는 것도 나만 알고 있다. 시청자는 내가 무엇을 보여 줄지 전혀 모르고 있다. 시청자는 내가 무슨 말을 할지 전혀 모르고 있는 상태다. 더욱이 시청자는 그 상품을 잘 모르거나 처음 보는 것이다. 시청자는 그 상품에 대한 구매의지나 계획도 없다. 이런 상태에 있는 시청자에게 상품을 팔려면 시청자가 집중하지 않아도 가치가 전달될 수 있도록 해야 한다. 시청자가 보려고 노력하지 않아도 공감할 수 있게 천천히 잘 보여 주고, 잘 따라올 수 있게 천천히 말하는 것이 매출에 도움이 된다.

일반 스피치에서도 말을 잘한다고
평가받는 사람 중 말이 빠른 사람은
거의 없다. 하물며 상품 판매가 목적
이라면 더욱 천천히 하는 것이 좋다.
말이 빠르면 시청자가 쫓아오다가 중
도에 떨어져 나갈 가능성이 높다. 시

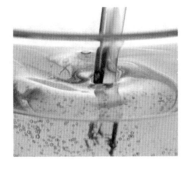

청자가 떨어져 나가면 크리에이터만 손해다. 상품도 천천히 보여 주고
그 상품이 보이는 부분에 대한 설명도 천천히 하는 것이 매출에 도움이
된다. 그렇다고 지루하게 느리게 보여 주라는 의미는 아니다 아무런 준
비 없고 사전 지식 없는 시청자가 충분히 보고 느낄 수 있을 만큼 보여
주고 들려주라는 말이다. 라이브 방송에서 말은 시청자가 편안하게 들
을 수 있도록 천천히 하는 것이 좋다.

4) 중요한 내용은 수시로 반복하라

라이브 방송은 흘러간다. 지금 막 시청을 시작한 사람은 지나간 장면을 보지 못했다. 방송 시작해서 1분쯤 방송에 들어온 사람도 있고 5분 지나서 들어온 사람도 있고 10분 지나서 들어온 사람도 있다. 방송 시작해서 3분 내에 중요한 핵심내용을 보여 주고 그 이후 10분까지 다른 이야기를 하고 있다면 4분 이후에 들어온 사람은 핵심내용을 못 들었기 때문에 상품을 구매하기 어렵다.

갯바위에서도 잘 수 있는 텐트   청정 고원 사과

상품이 판매되기 위해 가장 중요한 내용들이 있다. 라이브 방송에서는 그 내용들을 수시로 설명해야 한다. 왜냐하면 시청자들의 입출 입이 수시로 이루어지기 때문이다.

이런 이유로 핵심 내용을 반복하라는 것이다. 시청자가 핵심 내용을 보지 못하면 구매하지 않을 것이다. 라이브 방송에서 좋은 매출을 하려면 주요 핵심 내용을 반복해서 노출하고 설명해야 한다.

5) 시청자 눈을 보면서 말해라

시청자 눈을 보고 말할 수 있다는 것은 엄청난 특권이다. 기존 방송에서는 뉴스보도를 제외하고 일반 프로그램에서 시청자 눈을 보고 말할수 있는 사람은 MC밖에 없다. 방송 장르에서 시청자 눈을 보고 말할 수 있는 사람은 MC, 아나운서, 쇼호스트, 1인 크리에이터 외엔 거의 없다.

시청자 눈을 보고 말한다는 것은 엄청난 신뢰구축 수단이다. 눈을 보고 대화한 사람은 친해진 것으로 느껴지기 때문이다. 더욱이 1방송 크리에이터는 어떤 간섭도 대본도 없이 시청자와 눈을 마주치면서 소통할수 있다. 시청자 소통측면에서 보면 1인 방송이 최고 위치에 있다.

시청자 눈을 보고 말하기란 스마트폰 렌즈를 보고 말하기다. 그런데 댓글을 보고 대답하느라 렌즈를 보지 않고 다른 곳을 보면서 말하는 사람들이 너무 많다.

시청자가 볼 때 나에게 말하는 것과 내가 아닌 다른 사람에게 말하는 것은 큰 차이다. 크리에이터는 댓글을 보고 내용을 숙지한 후 카메라 렌즈를 보고 말하는 훈련이 필요하다.

6) 쇼핑하녀, 쇼핑도우미 입장에서 대화하라

현대 사회는 선택결정 스트레스가 심하다. 네이버 쇼핑 검색에 '새싹삼'을 검색하면 6만 8천 개 이상의 상품이 나타난다. 홈삼은 46만, 인삼은 22만, 산양삼도 1만 건이 넘는다.

샤인머스켓으로 검색했더니 9천 건이 나온다. 포도로 검색하면 35만 건이 나온다. 포도 전문가라면 좋은 상품을 고를 수 있겠지만 일반인이 좋은 상품을 고르기는 어렵다. 더욱이 해당 홈페이지에 들어가 보면 대부분 자기 상품이 좋다는 내용들이다. 가격대도 엇비슷하다. 어떤 사과를 선택해야 할까?

커머스 크리에이터는 시청자를 주인으로 모시는 하녀처럼 그 상품을 설명하면 된다. 이 돈으로 왜 이 포도를 선택했는지를 주제로 시청자에

게 보고하고 질문에 답하면 된다.

고정팬이나 단골고객을 확보하고 좋은 매출을 내려면 시청자의 구매 결정을 대신해 준다는 입장에서 친절하고 구체적인 방송을 해야 한다.

 5 라이브 커머스 방송에 어울리는 상품은?

홈쇼핑에 더 어울리는 상품군이 있고 쇼핑몰에 더 어울리는 상품군이 있고 오프라인 매장에 더 어울리는 상품군이 있고 커머스 방송에 더 어울리는 상품군이 있다. 커머스 방송에 어울리는 상품군은 무엇일까

1) 상품의 가치기 비주얼만으로 전달되는 상품

패션, 의류처럼 스타일 관련 상품들은 보이는 것에 따라 영향을 받는다. 이런 비주얼 상품군은 예쁘게 보일수록 매출이 잘 나오는 상품군이다. 브랜드가 없어도 예뻐 보이면 구매로 이어지는 상품군이다.

커머스는 시청각에 의존하여 상품을 판매하는 매체다. 따라서 상품의 가치가 보이는 것 만으로 전달될 수 있는 상품이라면 커머스 상품에 적합하다.

2) 전문가나 경험자에게 조언을 구하는 상품

일반 소비자가 구매 결정을 할 때 주변에서 '선수'라는 사람의 조언을 구하는 영역이 커머스 크리에이터에게 어울린다.

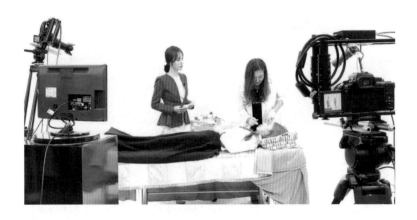

성형관련 의사결정은 주변에서 해봤다는 사람, 많이 해본 사람에게 조언을 듣는다. 고비용이면서 실패했을 때 손실이 큰 영역일수록 유경험자에게 조언을 구한다. 이런 영역은 대부분 명백한 전문가가 없다. 강남역에서 삼성역 사이에 성형병원이 1,500개가 있다고 한다. 소비자는 1,500개 병원을 다 조사할 수도 없고 조사한다 해도 누가 잘하는지 알 수가 없기 때문에 유경험자의 조언을 구한다.

구매비용이 고비용이고 기계로 대량생산되지 않은 영역도 크리에이터에게 유리한 영역이다.

가구의 경우도 성형과 비슷하다. 가구 전문가가 없다. 매장 직원이나 제조, 수입사관계자 외에 가구전문가가 없다. 가구도 어떤 침대가 좋은지, 어떤 매트리스가 좋은지 객관적으로 입증된 전문가도 없고 유경험자도 없다.

엘지 휘센에어컨, 삼성 지펠냉장고 등의 대형가전 영역은 전문 크리에이터가 필요 없다. 세탁기 구입할 때 유경험자의 조언을 구한 다음 구입하는 사람은 거의 없다. 대체로 유명브랜드 공산품은 커머스 크리에이터에게 맞지 않다.

화장품의 경우는 또 다르다.

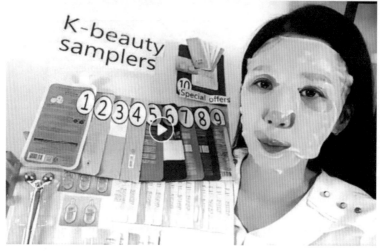

화장품의 경우에는 주변 유경험자에게 꼼꼼하게 묻지 않는다. 피부가 다르고 지금까지 자기 경험이 많이 있기 때문이다. 타인이 내 피부와 스타일에 대해 조언을 할 수도 없다. 그래서 상품평 등을 보고 스스로 판단한다. 이 영역은 메이크업 전문가, 헤어 전문가가 있다 해도 메이크업 제품 전문가, 헤어 제품 전문가는 없다.

패션&스타일 장르도 다르다. 패션은 자기 사이즈와 선호하는 색상이 다르고 자기 경험이 있기 때문에 주변의 조언을 듣지 않는다. 이 영역도 스타일리스트, 패션모델 등이 전문가일 수 있지만 제품 전문가는 없다. 공산품이 아니라면 제품 전문가가 없다.

커머스 크리에이터는 상품 전문가가 되어야 한다.

식품의 경우에도 사과전문가, 포도전문가, 홍삼전문가, 김치전문가, 청국장전문가, 맛칼럼니스트, 영양학교수 등이 있을 수 있지만 맛 전문가는 존재하지 않는다. 요리의 경우에도 똑같은 원료로 요리를 해도 요리사에 따라 맛이 달라지기 때문에 유명한 요리사는 있어도 유명한 요리상품 전문가는 없다. 여행의 경우 여행전문가는 있으나 별 의미가 없다. 여행전문가가 가보지 않은 곳은 이미 전문가가 아니기 때문이다.

소비자가 구매 결정을 위해 전문가나 유경험자에게 물어보는 영역은 무엇이든 커머스 방송에 어울리는 상품들이다.

3) TV 홈쇼핑에서 판매할 수 없는 상품

홈쇼핑에서는 전 국민을 상대로 통할 수 있는 상품을 판매한다. 전 국민을 타깃으로 한다는 의미는 부산, 대구, 광주처럼 어떤 지역 사람들만 대상으로 판매할 수 없다는 말이다. 10대만을 위한, 임산부만을 위한 상품을 판매할 수 없다는 말이다.

홈쇼핑에서는 전국 맛집을 할 수도 없고, 전국 작은 펜션 숙박권을 판매할 수도 없고 개인 맞춤 정장, 맞춤 구두 등을 판매할 수도 없다. 홈쇼핑은 식품도 HACCP 인증 시설에서 생산한 식품이 아니면 진행하기 쉽지 않다.

작은 펜션, 소규모 공연티켓, 개인 맞춤 등 홈쇼핑은 규격화되지 않은 상품과 대량생산이 안 되는 상품은 진행하기 어렵다. TV 홈쇼핑에서 진행할 수 없는 상품들이 커머스 방송에 어울리는 상품들이다.

4) 온라인 쇼핑몰에서 판매가 잘 안 되는 상품

온라인 몰에서 판매가 잘 안 되는 상품군이 커머스 방송에 어울리는 상품군이다. 쇼핑몰에서는 가전, 멀티미디어, 컴퓨터, 패션, 의류, 잡화,

유명브랜드 화장품, 일반식품, 생필품 정도가 잘 나간다.

비브랜드 화장품, 비브랜드 건강식품처럼 상품의 가치가 전달될 수 없는 상품류는 온라인 쇼핑몰에서 잘 안 팔린다. 믿음이 전제되어야 하는 상품이기 때문에 그렇다. 쇼핑몰 상세페이지의 설명을 믿어야 구매로 이어질 수 있는데 사진, 동영상 정도의 일방통행 정보들로는 믿음이 생기기 쉽지 않다.

온라인 쇼핑몰에서 판매가 잘 안 되는 상품들이 커머스 방송에 어울리는 상품들이다. 비브랜드 건강식품, 기초화장품이 커머스 방송에 어울리는 상품군이라는 말은 판매는 똑같이 어렵지만 실시간 양방향 소통을 통해서 상품을 팔기 때문에 TV 홈쇼핑이나 인터넷 쇼핑몰보다 신뢰구축이 좀 더 쉽다는 의미이다. 크리에이터와 구매자 간 실시간 소통을 통하여 친한 관계가 형성된다. 이 부분이 다른 어떤 매체보다 강력한 신뢰구축 장치이다. 커머스 방송을 통해 실시간 양방향 소통을 하기 때문에 생산자와 소비자 간의 신뢰 구축이 그 어떤 판매 방식이나 채널보다 강력하다.

온라인에서 잘 안 팔리는 상품은 1인 커머스 방송에서 무조건 잘 팔린다는 의미가 아니다. 온라인과 1인 방송의 상품설명 방식 차이로 1인 방송이 인터넷보다 더 좋다는 뜻이다. 구매자가 궁금해하는 내용들을 실시간 질의응답을 통해서 보여 줄 수 있기 때문이다. TV 홈쇼핑이든 인터넷 쇼핑몰이든 구매자가 구매 결정 단계에서 상품에 대한 궁금함을 해결하지 못하는데 커머스 방송에서는 그 문제가 해결되기 때문이다. 어디서든 잘 안 팔리는 상품은 당연히 1인 방송에서도 잘 안 팔리지만 그나마 해볼 만하다는 의미이다.

라이브 커머스 상품 선택의 기준

1) 상품의 가치를 보여 줄 것이 있는가

모든 상품 판매의 시작은 상품의 가치를 전달하는 것이다. 커머스 방송은 비디오 중심이기 때문에 상품 판매의 핵심은 상품가치 보여 주기다. 일반적인 쇼핑을 할 때 구매자는 보고, 듣고, 냄새 맡고, 맛보고, 만져 보고 결정을 한다. 인간은 눈, 귀, 코, 입, 몸, 이 5개 감각기관으로 모든 정보를 받아들인다.

커머스는 시청자들 대상으로 한다. 시청자는 시각과 청각 두 개의 감각기관만 사용해서 구매 결정을 해야 한다. 시청각에 의존해야 하는 커머스 판매 기획의 핵심은 보여 주기다.

V 커머스는 상품의 특장점을 보여 줘서 판매하는 것이다. 직접 만져 보고, 먹어 보고, 입어 보고 할 수 없는 시청자들에게 상품의 가치를 보여 줘서 구매 결정하게 해야 한다. 따라서 커머스 상품 판매 기획의 핵심은 '보여 줄 것이 있는가'다.

보여 주기: 땅에서 자라는 줄기가 붉은 미나리, 스스로 직립 성장하는 불 미나리

상품의 가치: 물위에서도 잘 수 있는 텐트

커머스 상품 기획 방향을 크게 둘로 나눈다면 '보여 줄 것이 있는가, 없는가'다. 보여 줄 것이란 상품의 가치다. 상품이 주장하는 특장점을 '보여 줄 수 있는가, 없는가'다.

상품의 가치가 가장 확실하게 보이는 상품군은 패션, 의류, 잡화류다. 보이는 모습에 상품의 가치가 다 들어 있기 때문이다.

반대로 상품의 가치를 보여 줄 수 없는 상품이 기초화장품, 건강식품 류들이다. 주름미백 기능성 기초화장품의 경우, 내용물은 액체크림일 뿐, 주름이 개선되는 모습이 보일 수 없다. 홍삼녹용 엑기스도 효능효과를 보여 주기가 어렵다.

모든 상품은 패션처럼 상품의 가치가 보이는 상품과 건강식품처럼 상품의 가치가 보여지지 않는 상품이 있다. 보여 줄 것이 있는 상품은 보여주기가 어렵지 않지만 보여 줄 것이 없는 상품은 커머스 방송하기가 어렵다. V 커머스 상품 기획의 출발은 무엇을 어떻게 보여 줄 것인가부터 시작되어야 한다.

2) 실시간 효능효과를 보여 줄 수 있는가

커머스는 '실시간 리얼 보여 주기 쇼'다. 이것이 커머스 방송에서 가장 중요하다. '실시간 보여 주기'는 상품의 가치를 가장 잘 전달할 수 있는 무기다. '생방송'으로 효능효과를 보여 줄 수 있다면 비브랜드 상품이라도 상관없다. 주름개선 화장품의 가치는 주름이 개선되는 것이고, 청소기의 가치는 청소가 잘되는 것이고, 보정속옷의 가치는 보정이 잘되는 것이다.

이렇게 상품의 가치를 실시간으로 보여 줄 수 있다면 신규 브랜드 신상품이라도 판매가 가능하다. 모든 상품은 기존 상태에서 개선된 무엇이 있어야 하는데 그 개선된 무엇이 상품의 가치다. 편집할 수 없는 실시간 라이브로 사용 전 사용 후를 보여 줄 수 있어야 좋은 매출을 기대할 수 있다. 커머스 방송기획을 할 때 관건은 실시간 비포애프터를 보여 줄 수 있는가? 실시간 효능효과를 보여 줄 수 있는가를 연구해야 한다. 상품 가치를 말로만 주장하는 것이 아닌 실시간 보여 주기는 커머스 방송에서 가장 중요한 부분이다. 따라서 효능효과를 생방송으로 보여 줄 수 없는 상품은 효능효과를 시청자가 믿게 하는 장치들을 사용해서 그 효능효과를 믿을 수 있게 해야 한다. 3개월 임상자료, 기능성 인증마크, 판매 순위, 사용자 후기 등 간접적인 내용들로 신뢰를 구축해야 하다.

3) 상품의 가치를 수치로 주장할 것이 있는가

상품의 가치를 실시간으로 보여 줄 수 없는 상품들이 있다. 기초화장품, 주름개선화장품은 주름이 개선되는 모습을 3개월 이후에나 확인할 수 있고 생방송 중에는 보여 줄 수 없다. 모든 건강식품들 역시 3개월 정도 장복해야 효과를 볼 수 있기 때문에 생방송 중에 그 효과를 보여 줄 수 없다.

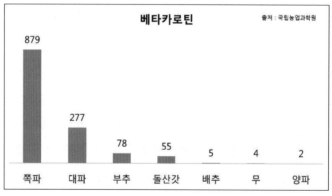

쪽파 성분의 탁월함을 주장하기 위해 국립농업과학원 자료 인용

이처럼 실시간 보여 주기가 안 되는 상품군들에게 믿음을 주기 위해서는 객관적인 수치가 필요하다. 상반기 오픈 마켓 1위, 1년 동안 100만

고객 돌파, 작년 수출액 1,000억 원, 사용후기 99점, 추천 1만 명, 반품률 1%, 3년 동안 홈쇼핑 매출 1,000억 원… 이런 것처럼 상품의 가치를 입증해 줄 수치를 보여 주고 설득하는 것이 가장 강력한 신뢰구축 방법이다.

상품특장점 보여 주기가 어려운 상품군은 상품의 가치를 객관적 자료나 수치로 입증하거나 주장할 수 있는가를 따져 봐야 한다.

모든 김치 원재료 성분비교

출처 국립농업과학원

구분	쪽파	대파	양파	배추	무	부추	돌산갓	
베타카로틴(㎍)	879	277	2	5	4	78	55	1등 10개
나이아신(㎎)	0.12	0.14	0.1	0.4	0	0.3	0.6	2등 9개
비오틴(㎍)	0	0	0.57	0	0	0		3등 2개
엽산(㎍)	58	20	11	0	11	0		5등 1개
비타민 B1(㎎)	0.03	0.07	0.04	0.2	0.06	0.18	0.11	6등 1개
비타민 B2(㎎)	0.15	0.09	0.01	0.03	0.02	0.05	0.14	
비타민 B5(㎎)	0.74	0.84	0.11	0	0.13	0		
비타민 B6(㎎)	0.02	0.01	0.01	0	0.04	0		
비타민 C(㎎)	13.69	3.55	5.88	10	7.34	12	91	
비타민 E(㎎)	0.52	0	0	0	0	0	0	
비타민 K1(㎍)	131.95	87.54	0	0	0	0	0	
칼슘(㎎)	72	24	15	29	23	107	160	
철(㎎)	2.65	0.82	0.2	0.5	0.18	3.1	2.8	
마그네슘(㎎)	16	10	8	0	7	0	0	
인(㎎)	43	30	27	18	37	45	40	
칼륨(㎎)	324	181	145	222	268	251	627	
아연(㎎)	0.73	0.79	0.15	0	0.53	0	0	
구리(㎎)	0.03	0.02	0.01	0	0.02	0	0	
망간(㎎)	1.3	0.75	0.18	0	0.21	0	0	
셀레늄(㎍)	0.69	0	1.17	0	0.3	0	0	
몰리브덴(㎍)	3.27	1.91	0.53	0	5.38	0	0	
요오드(㎍)	0	9.38	0	0	0	0	0	
필수 아미노산	435	408	368	0	239	0	0	
필수 지방산(g)	0.09	0.07	0.02	0	0.03	0	0	

쪽파의 영양성분 우수성을 위한 자료

4) 지금 필요한 상품인가

지금 사람들에게 필요한 상품은 무엇일까? 지금 어떤 상품이 사람들의 생활을 좋게 해 줄까? 대부분의 상품은 제철 상품이다. 요즘 필요한 것들이다. 지금이라 함은 소비자가 상품을 사용하는 시점을 말한다. 지금이란 지금부터 7~15일 후를 말한다. 상품을 소개하고 구매자가 배송받기까지 3일 걸린다. 방송 판매하는 시점으로부터 일 이 주 후가 지금이다. 지금 필요하지 않은 상품은 '계절파괴상품' 혹은 '역 시즌 상품' 등이 아니면 지금 구매하지 않는다.

이 시점에 꼭 필요한 상품인지 따져 보고 결정해야 한다.

제3장

라이브 커머스 상품 기획

커머스 상품 기획은 상품 제조 기획이 아니라 상품 판매 기획이다.

커머스 크리에이터는 상품을 개발하는 자가 아니라 판매하는 자다. 내가 선택한 상품이나 팔아 달라고 부탁받은 상품이나 모두 이미 만들어져 있는 상품이지 개발 중인 상품이 아니다. 이미 만들어진 상품에 대한 판매 전략이 커머스 상품 기획이다.

커머스는 라이브 방송과 영상으로 판매한다. 영상은 시각과 청각에 의존한다. 일반적인 쇼핑은 보고, 듣고, 직접 체험해 보고(입어 보고, 냄새 맡아 보고, 먹어 보고 만져 보고, 앉아 보고) 구매하는데 커머스는 보고 들은 것만으로 구매 결정을 해야 한다.

커머스는 영상으로 보이는 것과 크리에이터의 설명을 듣고 구매 결정을 해야 하는 치명적인 한계가 있다. 그래서 커머스 판매 전략과 일반 판매 전략은 같을 수 없다.

홈쇼핑에서 사용되는 실제 상품 기술서인데

다른 기술서에 비해 좀 더 간략하게 정리되어 있다

상 품 기 술 서

	업체	회사명	화순불미나리㈜		
		홈페이지	www.ehwm.com		
		전화번호	061) 372-8888		
		FAX	061) 373-9740		
	담당	담당자명	황지현실장 [010-6391-6064]		
		e - mail	ehwm@hanmail.net		
	제품가	판매가		공급가(VAT별도)	
		67,000원			
		120ml • 30팩		원산지	국산(한국)
상품명	불미나리 인진쑥즙 (Bulminari&Injinssuk Juice)	상품의유형	액상차	박스입수	3
		유통기한	18개월	총중량(box)	4.6kg
상품바코드	8809329 690115(30팩)	규격	제품	16•10cm(1팩)	포장재질	내포장: 폴리에틸렌
물류바코드			박스	30cm×16.5cm×22.6cm		박스포장: 종이
제품용도	섭취용		소비자상담실		061-372-8888
제조 및 판매원	화순불미나리㈜ / 전남 화순군 북면 송단길 388(송단리 86번지)				
원재료원금	○ 유기농산물 자가재배산지[불미나리(화순), 인진쑥(화순)] ○ 기타 부재료[오미자(국산), 올리고당]				
보관방법	직사광선 및 고온 다습한 곳을 피해 보관하십시오				
원재료명 및 함량	불미나리추출액 55%[정제수, 유기농불미나리(국산) 4%, 올리고당, 고형분36%], 인진쑥 추출액 30%[정제수, 유기농인진쑥(국산) 7%, 고형분 0.7%], 오미자추출액 15%[정제수, 오미자(국산) 4%, 고형분 0.6%]				
영양성분 (1회제공량 당 함량)					
상품특징	▶ 특허받은 기술로 유기재배한 불미나리, 인진쑥 사용 ▶ 주원료인 불미나리는 간질환 및 숙취해소에 탁월한 효능을 지님 ▶ 잦은 술자리, 스트레스에 시달리는 직장인, 공부에 지친 수험생, 허약체질 및 노약자에게 추천				
특이사항	무방부제, 무색소의 자연 건강식품				
섭취방법	1일 1-2팩, 개봉 후 그대로 드시거나 시원하게 드시면 좋습니다.				
주의사항	제품 개봉 시 포장재에 의해 상처를 입을 수 있으니 주의하십시오. 침전물이 생길 수 있으나 식품 고유의 성분이므로 안심하고 잘 흔들어 드십시오. 포장이 팽창/손상되었거나 내용물이 변질되었을 경우에는 음용하지 마십시오.				

TV 홈쇼핑 상품 기술서

커머스 방송용 큐시트 기술서

상품명				원산지	
방송 판매가		시중 판매가		제조원	
1. 상품 개요(스펙)	어디,무엇에 쓰는 물건인가 ···중량,크기,색상,성분함량,···				
2. 상품 콘셉트	상품의 가치가 전달되는 한두마디				
3. 상품구성 & 프로모션	오늘 이시간에만 드리는 상품구성과 프로모션				
4. Sellingpoint 특장 점	가장 강력한 3가지				
5. 주장내용 입증	주장을 입증하는 근거자료				
6. 사용전후 비포에프터	청소 전후, 설거지전후, 화장전후, 인테리어전후 모발관리전후, 비만관리전후,피부관리전후···				
7. 사용자 후기	쇼핑몰후기,동영상후기, 라이브후기				
8. How to use	상품의 가치를 극대화할수있는 사용방법, 활용방법				
9. 타겟 & 지금구매이유	타겟별 지금 구매이유				
10. 기타					

필자가 상품 기술서와 방송 큐시트를 합쳐서 만든 방송 기술서

커머스 상품 기획은 위 이미지 빈칸을 채워 넣으면 완성된다

1 커머스 상품명 짓기

상품명은 상품 기획 면에서 매우 중요하다. 고객이 가장 먼저 접하는 지점이기 때문이다. 상품명은 상품의 가치와 콘셉트가 들어 있는 이름이 가장 좋다. 가령, 고창고구마를 고창황토고구마, 고창해풍고구마, 고창황토해풍고구마, 고창해풍황토고구마, 황토와 해풍같은 차별화 포인트가 들어 있는 것이 좋다. '고창 백향과'보다 '여신의 과일 백향과'가 더 좋다.

대형가전류, 엘지 휘센 에어컨, 삼성 하우젠 냉장고 등 가정 필수 가전이면서 국민브랜드인 상품들은 특별히 상품명에 대해 고민할 필요없다. 몇 리터 냉장고, 몇 평형 에어컨 등 가장 기본적인 상품명으로 충분하다.

청소기, 가습기, 생활가전류는 기존 상품보다 개선된 내용이 포함되면 좋다. 스팀청소기, 무선청소기처럼 기존에 없었던 새로운 기능이 추가되었거나 업그레이드된 내용이 포함되는 것이 좋다.

신개념 소형 아이디어 제품류는 그 신개념과 그 신개념 때문에 개선되는 내용이 포함되는 것이 좋다. 기름 없이 튀기는 튀김기, 깨지지 않는 접시, 악취제거 비데, 얼음정수기 등 상품 장르가 이미 생활공간에 사용되고 있을 만큼 장르가 형성되어 있다면 개선된 내용들이 들어간 상품명을 지으면 된다.

달처럼 동그랗게 생겨서,
달빛처럼 포근해서 상품
명이 문체어

　장르 자체가 형성되어 있지 않는 상품이라면 상품명에 상품의 콘셉트
까지 포함시켜서 이름을 짓는 것이 좋다. 가령 일반 텐트처럼 생기지 않
은 어떤 신개념 텐트의 이름이 '코트텐트'라고 하면 제품의 특성이 소비
자에게 잘 전달되지 않는다.

　처음 보는 것이기 때문에 니즈 자체가 없는 상태라 관심을 주지 않기
때문이다. 이 코트텐트를 '야전침대와 텐트를 하나로 신개념 코트텐트'

라고 하면 최소한 무엇에 쓰는 물건인지 전달은 된다.

비브랜드 신상품은 상품명이 매우 중요하다.

엘지 에어컨, 만도 담채, 쿠쿠 밥솥 등은 상품명이 매출에 큰 영향을 주지 못한다. '휘센 벽걸이 12평형'으로 충분하다.

비브랜드인데 신개념인 상품은 상품명에 승부를 걸어야 할 만큼 중요하다.

비브랜드인데다 상품의 개념도 신개념이라면 시청자들을 설득하기가 매우 힘들다. 상품에 대한 기본 개념조차 없는 시청자들을 상대로 10여 분 설명한 것으로 구매를 유도하기가 매우 어렵기 때문에 비브랜드 신개념 상품이라면 상품명이 성공핵심요인 중 하나다.

좋은 상품명은 상품의 가치가 들어 있고 그 상품의 콘셉트가 들어 있는 것이다

 ## 원산지 전략

판매하는 입장에서 원산지가 중요한 상품이 있고 판매에 크게 영향을 주지 않는 상품이 있다. 식품류는 원산지가 중요하고 공산품류 특히 소형 생활용품 소형가전류는 크게 중요하지 않다.

중국산 인삼, 중국산 녹용처럼 건강식품류는 원산지가 중요하다. 셀카봉, USB류는 중국산이어도 구매자가 별 저항감을 느끼지 않는다. 판매자는 원산지가 강점인지 약점인지 판단해서 강점일 경우엔 강력하게 주장하고 약점일 경우에는 그 약점을 보완할 만한 다른 내용을 강조해야 한다.

루비는 캄보디아가 세계적인 산지인데, 일반 소비자들이 그 사실을 모르고 있다면 루비는 캄보디아 루비가 세계 최고로 인정받는다는 내용을 강조해야 한다.

국내의 경우도 복분자는 고창 복분자가 가장 유명한데 현재 기준으로 고창보다 부안에서 복분자가 가장 많이 생산되고 있다면 '부안 복분자가 한국 복분자 생산량의 60%를 하고 있습니다. 전에는 고창복분자였을지 모르지만 2019년에 1등한 복분자는 부안 복분자입니다' 식으로해야 한다. 물론 다른 지역을 비하하면 절대 안 된다. 저쪽도 다치고 나도 다친다. 저 지역도 당연히 좋겠지만 우리 지역은 이러저러해도 이렇게 좋다. 입장으로 방송을 해야 한다.

정리하면 원산지가 장점일 경우엔 강조하고 약점일 경우엔 그 약점이 있음에도 불구하고 구매자가 얻어갈 수 있는 어떤 가치를 부각해야 한다.

③ 상품가격 정하기

커머스 방송에서 상품 판매가격은 동일모델 한국 최저가로 해야 한다. 그렇지 않으면 시청자가 방송으로 상품 정보만 얻고 구매는 다른 곳

에서 할 수 있기 때문이다. 일회성 프로모션이면 최저가로 가능하지만 동일 상품을 방송할 때마다 가격을 낮출 수는 없다. 이 문제를 해결하기 위해서 주로 사용하는 몇 가지 방법이 있다.

1) 상품 구성에 변화 주기

인터넷에 상품개수가 10개짜리가 팔리고 있다면 8개짜리, 12개짜리, 20개짜리 등으로 상품 구성에 변화를 주면 된다. 10개를 바꿀 수 없다면 추가구성을 기존 구성과 다르게 하면 된다.

2) 한정수량만 판매

주로 라이브 방송에서 사용하는 방법이다. '이 파격가격, 파격구성을 선착순 100명에게' 이렇게 하면 되고, 완판되면 가격을 원래 가격으로 복원시키면 된다.

3) 한정기간에만 판매

한정기간 판매 방식은 라이브 커머스 보다는 동영상 커머스에 적합한 방식이다. '5월 한 달간 특별프로모션', '7일의 기적' 이런 것들을 기간 프로모션이라고 한다. 라이브로 못하고 동영상으로 할 경우에 사용할 수 있는 방법이다. 규격화된 공산품은 가격차이에 민감하다. 1차 농산물은 공산품에 비해 둔감하다. 똑같은 품종 똑같은 크기의 사과라도 청송사과와 김제사과는 동일가격이 될 수 없다. 청송사과 안에서도 A농장과 B농장의 사과가 같은 가격일 수 없다. 1차 농산물은 기계로 찍어 내는 것이 아니고 인간이 만들어 내는 것이 아니라 자연이 만들어 내는 것이라 그렇다.

'방송 중에는 최저가'를 하지 않으면 방송을 안 하느니만 못하다. '저기는 비싸게 파는구나' 이런 이미지만 각인되기 때문이다. 커머스 방송은 시청자와의 신뢰가 홈쇼핑이나 인터넷 쇼핑몰보다 민감하기 때문에 가격 전략을 명확하게 구사해야 한다. 최저가라는 말을 믿고 샀는데 다른 곳에서 더 싸게 판다면 크리에이터에 대한 믿음이 사라지기 때문이다.

상품개요 및 스펙전략

1) 상품개요

휴대용정수기

밑걸림방지장치

어디에 어떻게 쓰는 상품인지 쉽고 간결하게 설명한다. 어떻게 생겼는지, 어떻게 사용하는지, 어떻게 작용하는지, 언제 어디에서 어떻게 사용하는지… 추상적이지 않은 구체적인 표현으로 설명하는 것이 좋다.

왼쪽이 휴대용정수기인데 그림만으로는 어떤 상품인지 알 수가 없다. 오른쪽 낚시 밑걸림 방지 장치인데 설명이 없으면 뭔지 알 수가 없다. 상품 개요는 이 상품이 대충 이런 것이다 정도의 기본을 알려 주는 항목이다.

2) 스펙

사이즈, 중량, 색상, 용량, 성분 함량, 그 상품의 객관적인 내용들 중에서 방송 판매에 도움을 주거나 영향을 줄 수 있는 내용들을 강조한다.

사이즈가 큰 것이 강점이면 사이즈를 강조하고 어떤 칼라가 강점이면 그 색상을 강조하고, 어떤 성분과 함량이 강점이면 그 함량을 집중 강조한다. 실제 사용에 중요하지 않은 항목은 설명하지 않아도 된다. 오메가

3 한 병이 몇 그램인지 중요하지 않다. 몇 알이 들어 있어서 몇 개월 분인지가 중요하지 그 중량이 중요하지는 않다.

상품 콘셉트 정하기

'무엇에 쓰는 물건이고'

깨지지 않는 접시, 타지 않는 프라이팬, 뿌리는 파운데이션, 껍질째 먹는 사과 등 커머스 방송판매를 위해서 콘셉트는 가장 중요하다. 특히 비브랜드 신상품인 경우엔 콘셉트가 전부라고 해도 과언이 아니다. 여기에서 콘셉트란 판매콘셉트나.

콘셉트란 한두 마디로 상품을 개념 짓는 것이다.

위 제품 개발업체가 '코트텐트'라는 이름으로 마케팅을 의뢰해 왔는데 필자가 콘셉트를 아래와 같이 바꿨다. '야전 침대와 텐트가 하나로' 물위에서, 풀밭에서, 돌밭에서도 편안한 숙면 침대 텐트!

상품 특성이 녹아 든 무엇에 쓰는 어떤 상품인지를 한두 마디로 설명하는 것이 콘셉트다. 이 콘셉트는 프레임과 비슷해서 매우 중요하다. 커머스 크리에이터 입장에서 제조자가 정해 준 콘셉트로 할 것인가 아니면 기존 콘셉트가 아닌 새로운 콘셉트로 해야 하는가? 결정해야 한다. 이 상품은 신개념 상품인가 아니면 전 국민이 다 알고 있는 필수품인가?

완전 새로운 개념의 상품은 상품의 콘셉트를 이해시킨 다음에 판매가 이루어지기 때문에 초기부터 판매가 잘 되기 어렵다. 농산물은 상품 콘셉트가 이미 형성되어 있는 영역과 아닌 영역으로 구분된다. 마늘, 양파,

호두, 사과, 포도처럼 콘셉트가 형성되어 있는 농산물은 국민들 모두 무엇에 쓰는 건지, 왜 먹는지를 다 알고 있기 때문에 새로운 농산물보다 판매가 쉽다.

따라서 마늘을 판매할 때는 마늘 자체의 가치(효능, 효과)보다 내 마늘의 가치가 부각되어야 한다. 국민 모두 마늘 좋은 것 다 알고 있기 때문에 일반적인 마늘의 효능보다 내 마늘을 구매해야 할 이유가 무엇인가를 설득해야 한다.

천년초

백향과

천년초처럼 전 국민이 알고 있지 않은 식품류는 콘셉트가 엄청나게 중요하다. 왜 천년초를 먹기 시작해야 하는지가 설득되지 않는다면 판매가 쉽지 않다.

백향과 역시 무슨 과일인지, 무슨 맛인지, 수입산인지 알리면서 판매를 해야 한다. 사과나 포도처럼 뭐에 좋은지 어떻게 먹는지 맛은 어떤지를 모르기 때문에 임팩트 강한 콘셉트를 알리면서 판매를 해야 한다. 콘셉트가 알려지지 않은 농산물은 콘셉트를 형성시키면서 판매를 해야한다.

블루베리가 처음 나왔을 때 블루베리가 뭔지를 설명했어야 했다. 블루베리가 뭔지를 설명하기 위한 콘셉트가 '눈에 좋은 블루베리'였다. '눈에 좋은 블루베리'는 성공한 콘셉트일까? 과일로 가기에는 맛이 차이가나서 그랬을까? 만병통치 식품으로 가기에는 역부족이라고 느꼈을까?

상품 콘셉트가 형성되지 않은 상품은 그 상품 자체의 가치를 우선해야한다. 상품의 가치가 우선한 다음, 내 농산물을 이러저러해서 더 좋다고해야 마케팅에 성공할 수 있다.

@ 여신의 과일 백향과

고창 농업기술센터 농민 1인 생방송 교육 과정에서 필자가 잡아 준 콘셉트다.

백향과는 패션푸르츠로 더 알려져있다. 백향과 농민 김희자씨가 상품 기획 시간에 백향과를 설명하면서 백향과에는 석류보다 비타민c가 3배, 에스트로겐이 5배나 더 들어 있다고 하길래 석류를 '여자의 과일'이라고 하는 것과 비교하여 '여신의 과일'이라고 하라고 제안했다.

석류가 여자에게 좋다는 인식이 강하게 박혀 있는데 여성호르몬 에스트로겐이 석류보다 5배 들어 있다고 하면 여성들에게 충분히 통할 것으로 예상한다. 더욱이 석류보다 맛도 훌륭하다. 단순히 과일로만 먹는다 해도 상큼한 향이 가득하기 때문에 과일로만 승부해도 해 볼 만하다.

@ 갯벌감자

김제 농업기술센터 수강생 중 '권효순'이라는 70대 귀농 5년 차 여성분에게 감자의 특장점을 설명하시라니까, 김제 광활면에서는 감자를 겨울에 심어서 봄에 수확하는데 봄 계절에 한국 최대산지이고 광활면이라는 곳은 지평선이 보일 만큼 넓은 평야라고 설명을 하시고 광활 감자의 특

징을 물으니까 광활면이 간척지이기 때문에 갯벌에 있는 미네랄이 풍부하고…

그래서 그럼 '김제 광활 감자'라고 하지 마시고 그냥 **'갯벌감자'**로 하시라고 했다.

'갯벌' 속에 미네랄이 풍부하고 몸에 좋은 성분들이 많이 들어 있다고 국민들이 알고 있기 때문이고 김제 지리적 특징이 녹아 있어서 브랜드로 자리 잡기 좋기 때문이고 광활 감자보다 갯벌감자라고 하는 것이 마케팅적으로 훨씬 강력한 콘셉트이기 때문에 갯벌감자로 했다.

@ 자연방치 오디

김제 농업기술센터 수강생 장만익, 60대 후반으로 귀농 5년 차

오디를 주로 재배하는데 브랜드를 '김제 참오디'라고 말씀하시길래, 참오디의 특장점을 말씀해 보시라니까 본인 오디는 다른 오디들보다 더 탱글하고 더 맛이 좋단다. 그 이유를 물으니 귀농할 때 주변에서 오디는 심어 놓기만 하면 손도 많이 안 가고 수익도 좋다고 해서 오디를 심었는데 예상과 달리 너무 손이 많이 가서 3달 만에 포기했단다.

첫 해는 오디나무가 벌레 먹은 상태로 있더니 그 이듬해에 스스로 면역력이 생겼는지 나무 상태가 좋아지면서 열매도 조금씩 열리기 시작했고 3년째는 완전히 회복됐고 열매도 크고 많이 열렸단다.

그래서 '참 오디'대신 '자연방치 오디'라고 설정했다.

@ 소키우는 캠핑장

쿵쿵소캠핑장 주인 김미숙

남편은 30년 이상 우사를 운영중인데, 1톤짜리 암소를 포함 150여 마리 소를 키우고 있고 부인은 우사에서 차로 10분 정도 걸리는 봉평 해발 700M 산속에서 계곡 캠핑장을 운영하고 있다.

캠핑장 계곡을 올라가면 작은 폭포가 나오는데 폭포에서 물 떨어지는

소리가 쿵쿵소리를 낸다고 '쿵쿵소'라고 했다고 하고, 그 계곡물이 캠핑장을 돌아 흘러내리고 있어서 캠핑장 이름을 쿵쿵소라고 했다고 한다.

그래서 콘셉트를 갓 도축한 대관령한우를 맛볼 수 있는 캠핑장으로 정했다.

@ 수제 돌산 갓김치

여수농업기술센터에서 라이브 커머스를 교육하고 상품콘셉트를 '수제 돌산 갓김치'로 설정했다.

갓도 직접 재배하고 마늘, 양파, 고추, 쪽파 등 김치에 들어가는 모든 양념도 직접 재배한다. 육수(10여 가지로 우려낸)도 직접 만들고 젓갈로 여수멸치, 군산새우, 여수갈치속젓을 직접 담그고 모든 것(육수 내는 10여 가지는 여수산 구매)을 직접 재배하는 등 모든 것을 직접 생산해서 갓김치를 담근고 해서 수제 돌산 갓김치로 콘셉트 설정했다.

6 라이브 커머스 상품 구성 전략

상품 기획이 끝나고 나야 상품 구성이 가능해진다

상품 구성은 육상 경기 종목, 커피숍 메뉴, 라면집 메뉴 같은 것이다. 달리는 것 하나로 별별 종목을 다 만들어 놨고 그 종목마다 달리는 방법도 다 다르고 전략도 다 다르다. 커피숍 메뉴도 맛이 다르고 마시는 이유가 다 다르다.

1) 상품 구성이란

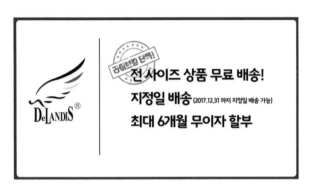

상품 구성이란 어떤 상품을 얼마에 파는지를 알려 주는 것이다.

상품 구성을 설명할 때는 정확하고 구체적으로 설명해야 한다. 구체적으로 한다는 것이 상품 구성을 길게 설명하란 말은 아니다. 구체적이고 정확하게 라는 것은 어떤 상품인지, 몇 개를 주는지, 사은품(추가구성)은 어떤 건지, 가격은 얼마인지, 무이자할부는 몇 개월인지, 모바일청구할인은 몇 %인지를 소비자가 알 수 있게 설명하는 것이다.

상품 구성 설명은 상품을 팔기 위해 가장 중요한 부분이다. 도대체 무슨 상품을 얼마에 파는지를 알려 준 다음에 사라고 해야 하지 않을까?

구성 설명시간은 상품 구성수에 따라서 달라진다. 에어컨, 냉장고, tv 등 단일 상품이라면 구성 설명시간이 짧고 화장품세트처럼 상품수가 5개 이상이 되는 상품이라면 구성설명이 길 수밖에 없다.

2) 상품 구성과 가격이 중요한 상품이 있고 상품 구성과 가격이 중요하지 않은 상품이 있다

커머스 상품 구성 설명을 잘하는 방법은 소비자가 이 상품을 처음 본다 생각하고 친절하게 구체적으로 알려 주는 것이다. 처음 보는 소비자가 알 수 있게 정확하고 구체적으로 설명해 주는 것이 중요하다. 커머스는 그 상품을 전혀 모르는 사람에게 판매하는 방송이다.

구체적으로 친절하게 알려 주라는 말은 오랜 시간을 들여서 길게 설명하라는 것이 아니다. '어떻게 생긴, 어떤 브랜드의 상품인데, 어떤 용도를 가지고 있는데, 오늘 얼마에 팔고 있습니다'를 시청자가 쉽게 알아들을 수 있게 설명하라는 말이다. 구매의지가 없는 시청자가 무심코 보더라도 이해할 수 있게 알려 주라는 것이다. 구매의지가 없는 상태로 채널 돌리다가 보게 되는 상품과 구성인데 구체적이지 않다면 매출에 도움이 되지 않는다. 더 물어볼 것이 없을 만큼 친절하고 구체적으로 설명해 줘야 한다.

커머스 상품 구성은 생방송 시간 동안은 대한민국에서 최고 좋은 구성과 조건이어야 한다. 지금 구매하게 해야 때문이다. 지금 사게 해야 하는 라이브 방송의 구조적 특성 때문이다. 그렇다고 매번 가격을 할인하라는 말이 아니다. 가격 할인을 계속하면 오래가지 못한다.

가격할인 안 하고 최고의 구매조건을 만드는 방법은 상품 구성에 변화를 주는 것이다. 주로 추가구성 및 경품에 변화를 준다. 사은품이 다르면 동일상품이 아니기 때문에 '오늘만 이 구성, 이 가격'이라고 말할 수 있는 것이다. 라이브 커머스 방송은 '오늘 이러저러한 특별한 날이라 이런 조건으로 드립니다'가 되지 않는다면 그 자리에서 즉석에서 판매되기 어렵다. 상품 설명만 듣고 구매는 가격비교 사이트로 검색해서 가장 싼 상품을 살것이다. 업체는 비싼 비용 들어서 상품 홍보 방송을 한 꼴이 되는 것이다. 이런 이유로 커머스 생방송은 방송 시간만큼은 가장 좋은 조건으로 판매해야 한다.

실제로 어떤 크리에이터가 생방 중에 '한달 전쯤 추석 특집 했을 때 조건보다는 안 좋지만 그 다음으로는 오늘 구성이 제일 좋습니다' 같은 멘트를 한다면 그 시간에 주문할 사람이 얼마나 될까?

상품 구성을 설명할 때 '이 상품은 오늘 이 시간이 가장 좋은 조건이다'가 대전제다.

그렇지 않으면 대박날 수 없다. 7종으로 이루어진 구성이 있다면 기본적으로 7종이 다 좋아야 한다. 1~7번까지 상품이 구성되어 있는데, 1, 3, 5는 어디에도 없는 최고의 아이템인데 나머지 2, 4, 6, 7은 별볼일 없다고 말하면 안 된다. "2, 4, 6, 7도 대단히 훌륭한 건데 1, 3, 5 이건 정말 기막힌 상품입니다."라고 하는 것이 좋다. 그저 그런 구성이 포함되어 있는 것처럼 설명하면 대박매출을 기대하기 어렵다. 모든 구성이 다 좋아야 한다. 모든 구성이 다 좋은데 더 환상적인 몇 개 더 있다는 식으로 설명하는 것이 매출에 도움이 된다.

　사은품을 추가할 때는 반드시 받아서 즐거운 사은품으로 구성을 해야 한다 고객들이 좋아할 만한 사은품이 아니라면 안 주는 것만 못하다. 질 낮은 사은품은 본품의 질까지 동반 하락시키기 때문이다. 그래서 사은품 선정은 최소한 본품의 퀄리티에 해가 가지 않는 수준으로 선정해야 한다. 사은품을 선정할 때도 귀하게 선정해야 한다. 당연히 사은품설명도 가치 있게 해야 한다. 무명신인의 책은 사은품으로 의미가 없다. 받아서 기쁘지 않을 상품은 전혀 의미가 없다.

3) 상품 패키지 구성 노하우

　생들기름 1병당 120ml 일 경우, 상품 기획이 어떻게 되느냐에 따라 구성이 달라져야 한다.

　가. 각종 요리에 사용하는 생 들 기름이라면 1개월분 몇 병

　나. 건강식품으로 사용하는 생 들기름이라면 1병을 1개월분

　다. 사람수로 짜는 구성: 부부세 트, 3인가족세트

　라. 효능효과로 짜는 구성: 장 건강용 세트, 남성활력세트

세트구성을 할 경우, 그 상품의 가치를 최고 효율적으로 완성시킬 수 있을 만큼을 구성하는 것이 좋다. 건강식품류가 평균 3개월분 구성인 이 유가 3개월 정도 돼야 그 효과를 자각할 수 있기 때문이고 기초화장품류가 3개월 이상인 이유가 12주 이상 사용해야 효과를 자각할 수 있기 때문이다.

TV 홈쇼핑과 온라인 쇼핑몰의 상품 구성에는 차이가 있다. 홈쇼핑은 채널을 운영유지하기 위해 나가는 비용이 크기 때문에 판매 단가를 높이려고 한다. 그래서 단품보다 세트위주로 판매를 한다. 온라인은 세트보다 단품 위주로 구성한다.

∨ 커머스는 생방송 중에는 대한민국 최저가이어야 한다

 7 라이브 커머스 셀링 포인트 설정하기

커머스에서의 셀링 포인트는 생방송이나 동영상을 본 사람이 바로 구매할 수 있게 하는 무엇이다. 셀링 포인트란 상품의 특장점 중에서 생방송 당일에 판매에 도움이 될 내용이다. 셀링 포인트와 특장점은 내용은 같지만 활용 면에서는 조금 다르다. 특장점은 불변하는 것이지만 셀링 포인트는 생방송이 노출되는 때마다 조금씩 변화한다.

구매자는 지금 필요하기 때문에 상품을 구매한다. 시즌이 지난 상품을 구매하는 경우는 계절파괴 특가세일로 엄청난 할인을 할 경우 외에는 없다.

상품을 판매하는 입장에서 셀링 포인트는 완전하게 타임 마케팅이다. 셀링 포인트는 그 상품의 특장점이 지금 필요함에 녹아 들어야 한다. '이렇게 좋은 상품을 지금 구매하시면 2~3일 후 혹은 이번 주말에 이렇게 좋은 체험을 할 수 있다'는 식으로 구매를 유도한다.

생방송 시간대에 따라 셀링 포인트는 그 시점에 맞춰서 설정하는 것이 좋다. 커머스 크리에이터는 '셀링 포인트를 의뢰업체가 주장하는 셀링 포인트로 하면 성공할 수 있겠는가?'를 따져 봐야 한다.

- 셀링 포인트를 여하히 바꾸면 성공할 수 있는가?

- 특장점 중 지금 필요한 무엇인가?

- 어떤 곳에 있는 사람들에게 이 상품이 필요한가?

- 어떤 때에 이 상품이 꼭 필요한가?

- 어떤 상황에 이 상품이 있으면 고마울까?

셀링 포인트는 다른 상품의 단점을 공격하는 것이 아니다. 오직 내 상품의 특장점이 왜 지금 시기에 필요한 것인지를 말하는 것이다. 다른 상품역시 좋지만 내 상품은 이러저러해서 더 좋다는 식으로 설득해야 한다.

가령 생 들기름의 셀링 포인트는 무엇인가?

들기름은 몸에도 좋고 맛도 좋은 슈퍼푸드 영역에 속한다. 생 들기름을 팔 때 판매자들이 하는 주장이 '볶지 않고 냉압착 방식으로 짜낸다'는 것인데 볶지 않고 냉압착 방식으로 짜내서 무엇이 좋아진 것인가.

생 들기름 판매자들이 기존 들기름은 볶는 과정에서 벤조피렌이 나올 수도 있다는 협박 마케팅을 하고 있는데 옳지 않다. 매출에도 별 도움도 안 되고 브랜딩에 효과도 없다. 지금까지 들기름을 잘 먹고 있는 사람들은 바보로 만들기 때문이다. 벤조피렌이 치명적일 만큼 나오지 않는다면 의미가 없다. 우리나라에서는 옛날부터 오랫동안 들기름을 볶아서 먹어 왔다. 반대로 일반 들기름 생산자들 입장에서는 볶았기 때문에 생 들기름보다 더 좋다고 주장할 수 있다. 들깨를 볶는 과정에서 들깨의 영양이 더 풍부해질 수도 있다. 커피도 볶는 과정에서 1,000여 종의 유익한 성분들이 더 풍부해진다고 한다. 오히려 볶지 않아서 고소함이 줄어드는 단점이 생 들기름의 치명적 약점일 수 있다. 볶지 않아서 벤조피렌도 안 나오고 들기름보나 너 고소하다면 최상이다. 그러나 벤조피렌은 안 나오는데 고소함이 현저하게 줄어들었다면 치명적 약점이 될 수 있다. 그런 들기름을 안 좋다고 말하면서 생 들기름은 냉압착이라 벤조피렌 걱정이 없다고 한다. 잘못된 마케팅방법이다.

이미 활용되고 있는 방법에 대한 약점 공략은 좋은 방법이 아니다. 기존 들기름도 좋은데 생 들기름은 이런 것이 더 좋다는 방식으로 해야 한다.

셀링 포인트란 그 상품의 특장점 중에서 그 시간에 가장 강력한 특장점 3~4개다

8 라이브 커머스 상품 설명 전략

- 타깃은 누구인가
- 타깃이 지금 사면 무엇이 좋아지는가
- 어떤 상황에 있는 사람이 상품을 보면 고마워 할까
- 어떤 장소에서 이 상품이 사용되면 좋아할까
- 어떤 시간에 이 상품이 있으면 기뻐할까

1) 상품설명의 이해

매출에 가장 영향을 미치는 부분이 상품설명이다. 상품의 가치를 보여 주고 설득하는 시간이다. 상품 설명이라는 것은 상품의 생김새부터 어디에다 어떻게 쓰는지에 대한 용도, 그 제품의 특징, 장점, 차별점 등 상품의 모든 내용을 설명하는 것이다.

상품 설명은 단순 나열식 상품정보 전달이 아니다. 상품을 판매하기 위한 설명이다. 상품군마다 상품설명 방식이 다 다르다. 냉장고, 에어컨 같은 대형가전은 길게 설명할 이유가 없다. 설명 없이 자막내용만으로 주문이 이루어질 수 있기 때문이다. 상품의 필요성도 알고 있고, 브랜드도 알고 있고, 가격대도 알고 있기 때문에 판매 조건만 좋다면 주문이 이루어지는 상품군이기 때문에 긴 설명이 필요 없다. 휘센 에어컨 몇 평형인지와 그 안에 내장되어 있는 기능이 무엇인지 그 정도면 충분하다. 설명시간은 1~2분이면 충분하다.

패션도 길게 설명할 필요가 없는 상품군이다. 고등어, 굴비 같은 식품류도 설명시간이 길 필요가 없다. 제주고등어인데 몇 킬로그램에 얼마 이런 정도면 상품설명은 충분하다. 그래서 상품마다 가장 효율적인 상품 설명시간을 찾으려고 한다. 설명 시간이 짧다고 좋은 것도 아니고 길게 설명한다고 해서 매출이 잘나오는 것도 아니다.

소비자는 보고 듣는 것만으로 구매를 결정해야 한다.

커머스는 시청자들이 보고 듣는 것이다. 상품 설명에서 가장 중요한 것은 보고 들을 수밖에 없는 시청자가 이해하고 공감하고 느낄 수 있도록 보여 주는 것이다. 보고 들을 수밖에 없는 시청자에게 뭘 보여 주고 뭐라고 들려 주면 구매할까? 그냥 보고 듣는 것만으로도 그 보이는 그림과 들리는 말만으로도 머릿속에서 그려질 수 있도록 설명하면 된다.

표현하는 방법은 느낄 수 있도록 구체적으로 자세하게 해 줘야 매출이 잘 나온다. 상품의 특장점으로 고객이 업그레이드되는 상황을 느낄 수 있게 해 줘야 한다. 이 상품으로 당신의 생활이 진보된다거나, 스타일이 더 멋있어진다는 식으로 설명해야 한다.

모든 상품은 사용자가 그 상품을 사용하는 순간부터는 전혀 새로운 세상을 체험한다. 세탁기가 생기면 손빨래를 안 하듯, 청소기 있어서 물걸레 안 하듯 어떤 상품을 처음 받아 본 사람이면 그때부터 나는 전혀 새로운 세상을 경험하는 것이다.

상품설명은 그 제품만의 특징과 장점 이런 것들 가지고 생긴 모습을 구체적으로 전달하고, 고객이 실제로 체험할 수 있게 도와주고 사용방법을 구체적으로 알려 줘서 지금 이 시간에 주문하게 해야 한다.

2) FAB 기법과 커머스 설득방법 비교

설득을 위한 상품설명을 어떻게 해야 할까? 설득방법은 F.A.B 기법과 설득의 심리학 6법칙을 활용하면 큰 도움이 된다. F.A.B 기법은 설득 절차이고 설득의 심리학 법칙은 설득 스킬일 수 있다.

고객설득기법(FABE기법)

이 기법은 스미모토 쓰리엠이 미국에서 도입한 세일즈맨 훈련 기법이다.

성질(Feature): 그 제품이 갖는 물리적 특성, 성분, 효과 등을 의미

이점(Advantage): 그것이 무엇을 해 주는가?

혜택(Benefit): 그러므로 각 개인에게 어떤 혜택을 주는가?

증거(Evidence)

〈예시〉

성질(Feature): 둥그런 얼굴

이점(Advantage): 부드러운 느낌 ← 특징에서 오는 이점

혜택(Benefit): 호감을 갖는다 ← 그 이점의 결과

F.A.B는 마케팅에서 기본적으로 사용하는 방법인데 커머스용으로 재해석하면 아래와 같다.

가. 성질(Feature)

상품이 어떻게 생겼는지, 어떤 기능과 효과가 있는지, 상품의 실체적인 내용을 보여 주는 것이다.

나. 이점(Advantage)

그 상품을 사용하면 얼마나 예뻐지는지, 얼마나 멋있어지는지, 얼마나 편해지는지, 어떤 좋은 일이 발생하는지, 어떤 변화가 생기는지를 보여 주는 것이다.

다. 혜택(Benefit)

그 상품의 장점으로 인해 소비자가 느낄 수 있는 것들, 그 상품 사용으로 얻을 수 있는 것들을 보여 주는 것이다.

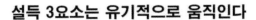

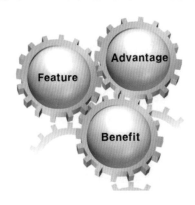

F.A.B는 유기적으로 결합되어 있다. 모든 상품은 중요도가 조금씩 다를 뿐 F.A.B는 다 필요하다.

3) 설득의 심리학 기법과 커머스 설득방법 비교

《설득의 심리학》에 나오는 법칙들이 있다. 커머스에도 똑같이 적용되는 항목들이 있다.

가. 대조 효과
먼저 무리한 것을 요구하고 조금씩 낮춰간다. 또는 반대로 터무니없이 작은 걸 준다고 한 뒤, 점차 높여서 제시한다.

V 커머스에서 흔하게 쓰고 있는 기법이다. 기준가를 제시하고 방송 중에만 할인을 한다. 기존구성에 추가구성을 더 준다. 무이자할부를 더 해 준다.

나. 사회적 증거의 법칙

타인의 행동에 의해 판단한다. 다수의 행동이 옳다고 여긴다. 많은 사람들이 결정하고 실행하고 있는 일이면 자신도 기꺼이 그대로 행한다. 사회적 증거가 명백하다고 여긴다.

커머스에서 사회적 증거의 법칙도 자주 사용하는 법칙이다. 특히 뷰티상품군, 건강상품군 등에서 잘 통하는 법칙이다. 백화점 판매 1위, 오픈마켓 판매 1위, '좋으니까 1위 하겠지' 이런 생각이 상품에 대한 믿음을 주기 때문이다.

패션 의류의 색상 종류가 검정색, 와인색, 아이보리색 3종류로 생방을 진행한다고 가정하자. 와인색이 잘 안 팔리고 있을 때 크리에이터가 와인색이 잘 나가고 있다고 하면 시청자는 와인색상으로 주문이 몰리는데 이런 현상 역시 사회적 증거의 법칙에 해당된다.

커머스의 구조적 단점이 직접 입어 볼 수 없고, 사용해 볼 수 없는 것이기 때문에 이 사회적 증거의 법칙은 커머스에서 매우 강력한 수단이다.

다. 권위의 법칙

직책, 복장, 억양, 자동차 등에서 권위가 느껴지거나 '있어 보이면' 맹종하게 되는 경우도 있다. 복종하고 관대해진다. (유난히 우리나라 사람은 힘에 약하다) 그 방면의 전문가를 내세워 타당성을 높이는 것이 판매에 도움이 된다.

커머스에서 권위의 법칙은 항상 활용한다. 주로 전문가 게스트를 출연시키거나, 인증이나 수상내역 같은 객관적 자료들을 사용한다. 게스트는 연예인, 의사, 요리사, 스타일리스트같은 전문가를 활용한다. 자료는 각종 수상내역, 특허증류 인증 내역 등을 활용한다.

권위의 법칙도 커머스에서 매우 중요한 설득 장치다. 상품을 직접 체험할 수 없기 때문에 상품의 가치를 믿을 수 있을 근거가 필요한데 권위의 법칙이 그 근거를 제시하기 때문이다.

라. 희귀성의 법칙

한정된 수량에 제한된 시간을 내세워라. 지금 갖지 않으면 영영 이조건으로 가질 수 없다고 하라. 상대방이 그것을 가짐으로써 얻는 이득보다는 취하지 않으면 생기는 손해를 더 부각하라. 소득보다는 '상실'에 사람들은 더 민감해한다.

커머스에서 지나칠 만큼 과하게 사용하는 장치다. 지금 여기서 주문하게 해야 하기 때문에 희귀성 법칙 적용은 필수다. 오늘만 이 가격, 오늘이 마지막, 신상품 론칭 특별가류의 프로모션부터 매진임박, '얼마 남지 않았습니다'류의 종료시간 푸시까지 희귀성의 법칙을 활용한다.

 ## 9 라이브 커머스 구매유도 전략

'지금 사는 게 가장 조건이 좋아요'
'판매 조건이 어떤 조건보다 지금이 가장 좋아요'
'그래서 지금 구매하시면 득템하시는 겁니다'

주문유도 단계에서 가장 중요한 것은 'WHY NOW'다. WHY NOW는 V 커머스 영역에서 가장 중요한 용어다. 지금 주문하게 하는 것 WHY NOW! 라이브 커머스 영역에서 가장 중요한 용어다.

* WHY NOW: 필자가 만든 개념, 지금 여기에서 구매하게 하기

라이브 커머스는 지금 이곳에서 주문하게 해야 한다. 그래서 WHY NOW가 중요하다. 쇼핑의지가 전혀 없는 사람을 상대로 설득해서 그 순간에 구매하도록 만들기가 매우 어렵기 때문에 대박 매출을 하기 위해 가장 중요한 것은 WHY NOW다.

모든 F. A. B는 WHY NOW와 연결되어야 한다. '제품의 특성을 부각하여 지금 주문하세요', '제품사용으로 얻을 수 있는 변화를 보여 주며 설득

하여 지금 주문하세요', '가격이 사상최고로 저렴하다는 설득을 하여 지금 주문하세요' 등.

주문유도를 어떻게 해야 할까? 상품 설명은 대충하고 주문유도 멘트를 잘했다고 잘 팔릴까? 상품의 가치가 설득되지 않고 판매자가 빠르게 주문하라고 푸시하면 잘 팔릴까?

'서두르세요, 빨리 들어오세요, 빠르게 주문하세요' 이런 유형의 주문유도가 가장 저급하다. 상품은 그 상품만의 고유한 특성으로 팔아야 하는데 상품자체를 설득하지 못하고 싸다는 것으로 팔려고 하기 때문이다.

라이브 커머스는 왜 지금 사야 하는지 논리적으로 풀어 내는 과정이다. 왜 지금 이곳에서 사야 하는지 설명하는 것인데 '이곳'이란 다른 쇼핑몰에서 사지 말고, 이곳에서 사라는 것이고 '지금'이라는 것은 내일이나 다음에 사지 말고 지금 이 시간에 사라는 것이다.

내가 방송했는데 '저 상품 좋네'라고만 이해하고 주문은 다른 곳에서 한다면 나는 재주 부린 곰 꼴이 된다. 커머스의 구조적 특성이 그렇기 때문에 WHY NOW가 가장 중요하다. WHY NOW는 내용적 측면 WHY NOW와 조건적 측면 WHY NOW로 나눌 수 있다.

첫째, 내용으로 WHY NOW는 '지금 사면 고객에게 생길 좋은 변화가 뭔지'를 풀어 내주는 것이다. 그 상품만의 고유한 특장점으로 인해 생길 좋은 변화를 기대하게 하는 것이다. '당신은 배송 받은 날부터 이렇게 변합니다', '이번 주 결혼식에 이 옷을 입고 가서 뽐내세요' 등.

둘째, 조건적 측면 WHY NOW는 '지금 사면 이 상품을 다른 곳에서 사는 곳보다 이런 점이 좋습니다'같은, 흔히 말하는 조건(프로모션) 설득이다. 지금 사면 가장 싸게 사는 것 같은 느낌을 주는 것이 주문 유도의 가장 일반적인 방법이다. 대부분 사람은 '저거 나도 한번 해 볼까?' 하는 마음이 든 다음에 '오늘 조건이 좋을까?' 하고 계산해 보고 구매 결정을 한다.

주문유도는 조건으로 하는 것보다 내용으로 하는 것이 고급스럽다. 내용으로 주문 유도하는 것이 매출도 훨씬 더 잘 나온다. 단순히 오늘 조건이 좋으니까 주문하라고 해 봐야 그 상품이 좋아서 사고 싶다는 마음이 선행되지 않는다면 사지 않기 때문이다.

지금 구매해야 할 이유를 가격과 프로모션으로 하는 것이 가장 저급한 설득방법이다
상품의 가치로 설득하는 것이 가장 좋은 방법이다

라이브 커머스

제4장

라이브 커머스 방송 판매의 기술

커머스 방송은 상품의 가치 보여 주기

상품의 가치란 그 상품이 주장하는 특장점들이다. 커머스는 그 특장점을 라이브와 영상으로 보여 주는 것이다.

일반 미나리는 물에서 자라는 데 반해 불미나리는 땅에서 자라는 미나리인데 줄기가 붉은색이고 스스로 직립 성장하는 불미나리의 가치를 보여 주기 위해 필요한 사진이다.

위 이미지는 명일엽 원산지라는 가치를 보여 주기 위해 찍은 원산지 밭이다.

상품의 가치를 보여 주는 방법으로 라이브시연과 편집영상이 있다. 세트, 소품, 디피, 출력물, 출연자 의상, 헤어, 메이크업 등이 있다.

상품을 많이 팔고 싶다면 라이브로 임팩트 강한 시연 방법을 찾는 것이 중요하다.

상품 자체의 가치를 보여 주기 위해서 가장 강력한 것은 라이브 시연이다. 구조적으로 불가능한 것들을 제외하고 무엇이든 라이브 시연을 시도하는 것이 좋다.

많이 팔고 싶다면 최대한 많이 보여 줘야 한다. 모든 설명내용을 말보다 그림으로 설명할 수 있나면 좋은 매출을 할 수 있다.

 ## 커머스 동영상과 라이브 커머스의 차이

커머스 동영상 vs 커머스 라이브

커머스 동영상	커머스 라이브
1. 정보 전달 장점	신뢰구축 장점
2. 실시간 소통불가	실시간 소통가능
3. 특장점 나열	셀링포인트 반복
4. 상설 매장 판매	특설매장 판매
5. 항상 구매가능	지금만 구매가능
6. 효능 조작가능	효능 조작 불가능
7. 지금 프로모션 불가	지금 프로모션 가능

1) 동영상은 편집을 통해서 꼭 필요한 정보나 주장을 짧은 시간에 다 보여 줄 수 있다는 장점이 있다. 라이브는 시간에 따라야 하기 때문에 지루해질 수 있다는 단점이 있다. 요리를 예로 들면 라이브는 조리되는 시간을 기다려야 하는데 동영상은 바로 완성된 요리를 보여 줄 수 있다.

라이브는 동영상에 비해 시청자와 신뢰를 구축하기가 어렵지 않다. 라이브는 실시간 소통을 하는데 동영상은 댓글 소통 정도만 할 수 있기 때문이다. 실시간 소통은 만남과 의견교환이라는 속성 때문에 소통 당사자 간 관계는 좋아질 수밖에 없다.

2) 실시간 소통이 되고 안 되고는 상품 판매에 결정적인 영향을 미치는 부분이다.

여러 가지 차이가 있지만 가장 쉽게 실시간 소통이 되면 흥정이 가능해진다. 좀 더 싸게 달라거나 뭘 더 넣어 달라거나… 이 부분이 가격 흥정 내용보다 상호 간에 재미와 신뢰를 준다는 것에 더 의미가 있다. 실시간 소통은 TV 홈쇼핑에서도 하고 싶어도 못하는 부분이다.

3) 동영상은 특장점이 10개일 경우 10개를 다 설명할 수 있는 장점이 있다.

라이브는 1번에서 10번까지 장점을 다 말하면 안 된다. 좋은 매출을 할 수 없다. 라이브는 그 시간에 가장 강력한 순서로 3개 정도를 선택해서 그것으로 집중 공략해야 한다.

4) 동영상이 상설 매장이고 라이브는 특설 매장이다.

잠실운동장 주변에 항상 있는 치킨 집이 상설 매장이고 운동장 안에서 세트에 1만 원으로 판매하는 것이 라이브라는 뜻이다. 상설 매장은 고객이 찾아온다. 특설 매장은 고객을 찾아가거나 지나가는 고객이 찾아오게 해야 한다.

5) 동영상은 언제든지 구매가 가능한데 반해 라이브는 방송 시간 중에만 가능하다.

어떤 방식이 무조건 더 좋다고 말할 수 없다. 둘 다 장단점이 있기 때문이다. 동영상은 동일가격 동일 구성으로 항상 가능하다는 장점이 있고 라이브는 매 방송 때마다 판매 조건이 변한다는 장점이 있다. 어떤 상품이 동영상에 어울리는지 어떤 프로모션이 라이브에 어울리는지는 단정해서 말하기 어렵다. 모든 상품이 그 순간의 상태에 따라서 동영상이 나을지 라이브가 나을지 결정할 수 있기 때문이다.

6) 동영상은 편집을 통해 조작이 가능하다.

다리 길게 늘이기, 피부 톤 바꾸기, 비포애프터 조작하기, 실제보다 더 좋은 상품으로 촬영하고 편집하기 등 수많은 편집이라는 이름의 조작이 가능하다. 라이브는 조작이 불가능하다. 물론 라이브에서도 시연이 잘 되게 하기 위해 하는 준비조작이 있기는 하지만 주방세제나 믹서기류, 화장품류 등에 한정될 뿐 대부분은 조작이 불가능하다. 이 조작이 불가능하다는 사실이 신뢰구축에 강력한 영향을 주는 부분이다.

비브랜드 신상품인데 실시간으로 충격적인 비포애프터를 보여 줄 수 있다면 무조건 라이브 방송을 하는 것이 좋다. 브랜드 없는 신상품이지만 라이브로 효과를 보기 때문에 구매로 이어지기 쉽다.

7) 동영상은 결정적으로 기간 프로모션 이외에는 프로모션을 하기 어렵다.

물론 매일 동영상을 재편집해서 올리면 가능하지만 실시간 프로모션이 아니라는 것에는 변함이 없다. 라이브는 실시간 프로모션을 할 수 있다. 이 부분이 상품 판매를 위해서는 동영상보다 라이브가 더 유리하다고 말하는 근거 중 하나다.

1인 커머스 방송은 프로모션의 내용과 범위를 개인별로 할 수도 있다는 강력한 장점이 있다. 시청자의 니즈가 다 다르기 때문에 원하는 것도 다를 수 있다. 어떤 사람은 가격을 할인해 달라하고 어떤 사람은 가격은 됐고 어떤 것을 하나 더 달라는 사람도 있고, 어떤 사람은 세 박스 시키면 얼마 할인해 줄 거냐고 물어보기도 한다.

'개인별 프로모션'이 가능하다.

오직 라이브 커머스에서만 가능한 프로모션이다. 커머스 크리에이터로 성공하고 싶은 사람은 이 부분에 대한 연구를 많이 해야 할 것이다.

연역적 진행과 연역적 편집

1) 커머스 방송 진행 방식

  홈쇼핑 생방송은 오프닝, 상품 구성, 특장점, 주문유도 순서로 진행한다. 커머스 생방송도 큰 틀에서는 비슷하지만 커머스 생방송은 실시간 양방향 방송이기 때문에 홈쇼핑 진행방식과 달라야 한다.

  홈쇼핑은 일방통행 방송이다. 라이브 커머스 방송은 양방향 방송이다.

  홈쇼핑은 시청자와 일대일 소통을 하지 못한다. 커머스 방송은 일대일 소통이 가능하다. 커머스 방송은 고객과 실시간 소통하면서 방송을 진행하는 것이 홈쇼핑과 전혀 다른 차이다.

  오늘 판매하는 상품이 무엇인지와 얼마에 살 수 있는지 정도를 기본으로 설명하고 방송에 참여하고 있는 시청자들 개개인의 니즈를 찾아서 그 니즈를 해결해 주는 방식으로 진행하는 것이 커머스 판매 방식이다.

2) 연역적 진행, 가장 임팩트 있는 내용으로 시작

커머스 방송은 귀납적(기승전결 구도) 방식으로 진행하면 안 된다. 연역적으로 설명해야 좋은 매출을 기대할 수 있다. 연역적이라 함은 시작할 때부터 그 상품의 가장 임팩트있는 가치를 보여 주며 설명하는 것으로 시작해서 하나씩 세부적인 내용을 풀어 가는 것을 말한다.

어떤 한 상품의 특장점이 10개 있다고 가정할 때 그 10개의 특장점 중에서 가장 강력한 1, 2, 3번을 집중적으로 설명해야 좋은 매출을 할 수 있다.

1번에서 10번까지 특장점 열 개가 모두 강력한 임팩트를 가지고 있기 어렵다. 대부분 차별화된 가치는 1, 2, 3번 정도에 집중되어 있다. 나머지 4번에서 10번까지는 기존 상품들과 엇비슷하다. 생방송은 시간이 흘러간다. 방송을 시작할 때부터 본 사람도 있고 방송시작 5분에 들어온 사람, 10분에 들어온 사람도 있다. 5분에 방송을 보기 시작한 사람은 그 이전 내용을 알지 못한다. 가령, 1번에서 10번까지 각 1분씩 설명할 경우, 5분에 들어온 사람은 5번 내용을 설명 듣게 되고, 가장 중요한 1, 2, 3번은 모르고 5번부터 10번까지 5분 동안 그냥 평범한 상품을 설명 듣게 된다.

이렇게 되면 대부분은 구매하지 않는다. 왜냐하면 기존 유사 상품들과 엇비슷한 특장점들이기 때문이다. 그래서 가장 중요한 1, 2, 3번에 집중해야 좋은 매출을 할 수 있다고 하는 것이다.

4 커머스는 첫 만남 마케팅

커머스 고객은 그 상품을 처음 보는 사람들이다. 커머스는 상품을 처음 보는 사람에게 판매하는 것이다. 구매 의사가 전혀 없는 사람들, 쇼핑을 할 구체적인 계획이 없는 사람들을 대상으로 판매해야 하는 매체다.

모른다는 것이 완전히 전혀 모른다는 것은 아니다. 상품의 구체적인 상태 및 내용을 모른다는 뜻이다. 커머스는 그런 상태에 있는 사람들을 대상으로 팔아야 한다. 커머스 방송은 우연하게 처음 본 상품을 지금 사게 하지 않으면 매출이 잘 나오지 않는다.

커머스는 그 상품을 처음 보는 시청자에게 팔아야 한다. 세상에 처음 소개하는 것처럼, 신상품을 처음 방송하는 것처럼 해야 매출이 잘 나온다. '처음 보는 사람을 대상으로 팔아라'는 소비자가 그 상품을 전혀 모르고 있다는 전제다. 그 방송이 성공해서 주 1회씩 계속 3~4달째 계속 방송하고 있는 상품이라도 시청자는 처음 보는 것이라고 생각하고 방송을 해야 한다.

그런데 처음 방송을 하고 난 후 3달에 10회 정도 하고 나면 크리에이터 대부분 '이제 많은 사람들이 이 상품을 알 것이다'라고 생각한다. 하지만 그것은 착각이다. 고객들은 알 수가 없다. 그런 식으로 방송하면 좋은 매출을 기대하기 어렵다.

왜냐하면 상품을 전혀 모르는 시청자는 상품에 대한 상세한 내용을 듣고 그 주장에 동의하고 공감해야 구매를 하는데 크리에이터가 이 상품을 사람들이 알고 있다고 생각하면 기본적인 내용들을 생략하게 된다.

시청자는 정확하고 구체적인 정보를 듣고 보지 못했기 때문에 그 자리에서 바로 구매 결정 자체가 어려워진다. 그 상품에 대한 관심이 있다고 해도 좀 더 알아 보고 구매 결정하지 바로 그 자리에서 구매하지 않기 때문이다.

바로 지금 구매하게 하려면 최소한 기본적으로 알려 줘야 할 것들은 알려 줘야 하는데 론칭 기간에만 알려 준다.

처음 보는 사람을 대상으로 팔기 위해선 매번 방송을 론칭 방송하듯이 해야 한다. 론칭 방송 때는 상품의 전반적인 내용들, 소비자의 니즈를 충족시켜주는 기대와 희망, 상품의 특장점 모두 다 기본적으로 상품 설명과 중요한 가치, 사용방법 등을 다 설명해야 좋은 매출을 기대할 수 있다.

모든 방송은 이렇게 첫 방송하듯 해야 한다. 국민 브랜드가 될 때까지는 첫 방송하듯이 해야 한다. 가격만 할인하면 팔리는 상품이 되기까지는 항상 모든 방송을 첫 방송하듯이 해야 한다.

5 커머스는 특집 마케팅

커머스 생방송은 매번 특집 방송이어야 한다

설 특집, 추석 특집, 봄 맞이, 여름 맞이, 가을 맞이, 송년 특집, 어린이날 특집, 어버이날 특집, 수능 특집, 몇 만 개 돌파 특집, 론칭 1주년 특집, 개국 10주년 특집 등 계절 관련 특집, 판매 수량 관련 특집 능 모든 방송이 특집으로 이루어진다.

왜 매번 특집 방송을 해야 할까?

시청자가 오늘 이 시간 판매 조건이 가장 좋다는 생각이 들게 하기 위해 특집 방송을 하는 것이다. 그래서 커머스 생방송은 생방송 하는 순간만큼은 판매 조건이 이순간 한국에서 가장 좋아야 한다. 지금 여기에서 구매하게 해야 하기 때문이다.

특집 방송은 특별 매장으로 이해하면 된다. 청계산, 도봉산, 북한산 입구에 등산용품 매장이 있다. 그 매장들은 상설 매장이다.

커머스는 그 상설 매장이 아닌 특별 매장이다. 그 매장입구에 매대 설치하고 어떤 제품 한두 개를 특가 판매하는 것과 비슷하다. 도봉산 입구에서 오전에는 올라가는 사람들 대상으로 '매장에서 19만 원인데 오늘 블랙야크 도봉산 입점 몇 주년이라 오늘만 15만 원에 드립니다' 하는 경우와 비슷하다. 야구장 안 치킨매장 앞에서 어떤 치킨세트를 만들어서 1만 원에 특가로 판매하는 것과도 비슷하다.

백화점의 경우, 각 층에 비슷한 장르의 매장들이 있는데 커머스는 그 매장들을 시간대별로 돌아다니며 가장 잘 팔릴 수 있는 상품을 특가로 판매하는 것과 비슷하다. 제일 모직 매장이 있으면, 제일 모직 매장만 스포트라이트를 주고 나머지는 매장은 장사를 안 하는 것과 비슷하다.

커머스 생방송은 매번 특설매장에서 특가로 파는 특집 방송이어야 한다. 단, 특집 방송은 그 상품의 가치와 가격이 알려져 있어야 프로모션으

로 대박을 칠 수 있다. 비브랜드 신상품은 특집을 해도 단번에 대박을 치기 어렵다.

커머스 생방송은 온라인 특별 매장이다. 특집 방송을 하려면 특집을 하는 이유가 준비되어 있어야 한다. 맨날 특집 방송을 하면 약발이 점차 떨어지게 되고 결국에는 브랜드 이미지에도 타격이 가해진다. 그렇다고 해서 특집 방송을 안 하고 밋밋한 일반 방송을 한다면 시청자가 얻는 게 없기 때문에 점차 하강곡선을 탈 것이다.

 ## 커머스는 임팩트 마케팅

라이브 커머스 방송은 임팩트 방송이다. 임팩트 있는 영상과 멘트의 연속이어야 매출이 잘나온다. 임팩트라함은 라이브 시연, 사전제작영상, 자막, 쇼호스트 멘트, 성우멘트 등 모든 것을 포함한다.

상품의 가치가 강력하게 보여지지 않는 영상은 매출에 도움을 주지 못한다.

상품의 필요성이 지금 꼭 필요하게 느껴지도록 설득하지 못하면 좋은 매출을 하기 어렵다. 임팩트 있는 영상과 멘트를 반복적으로 노출해야 대박을 기대할 수 있다.

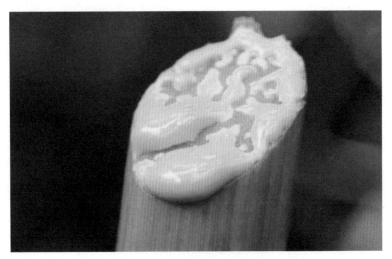

줄기를 자르면 흘러나오는 노란 액체

커머스 방송이 임팩트 방송이 되어야 하는 이유는 시작이 없는 방송이기 때문이다.

상품 하나를 설명하는데, 1분 안에 설명이 불가능하다. 대형사전류들은 1분 안에 가능하지만 대부분 상품은 1분 안에 설명이 불가능하다. 한 상품을 다 설명하기 위해 필요한 시간이 20분인데 처음부터 시청한 사람은 크리에이터 설명을 듣고 설득이 되겠지만 17분쯤 들어온 시청자는 16분까지 내용을 알 수가 없다. 그 시청자는 3분 동안만 보고 들은 것으로 주문하기란 쉽지 않다. 수시로 새로운 시청자가 들어왔다 나갔다 하기 때문에 수시로 상품의 가치를 알려 주면서 계속 모으고 모아서 많이 모아졌다 했을 때 주문을 유도해야 하기 때문이다.

커머스 방송은 수시로 들락거리는 시청자 설득을 위해 임팩트의 연속이어야 한다.

상품마다 최적의 설명시간이 다 다르다

대형가전류는 설명시간이 길 필요가 없다. 엘지 휘센 에어컨 12평형이 시중에 얼마에 팔고 있는데 오늘 이 시간에 무슨 무슨 특집이라 1,000대만 20만 원 할인해서 판매한다고 하면 끝이다. 엘지가 어떤 회사인지, 휘센이 에어컨 세계 1위라든지, 에어컨이 왜 필요한지 이런 설명이 필요 없다. 가격만 저렴하면 팔리는 상품이기 때문이다.

이런 대형가전류의 임팩트는 가격이다. 철저하게 가격과 판매 조건이 전부다. 그래서 이런 대형가전류를 팔 때는 판매 조건만 집중해서 강조하면 된다. 물론 브랜드가 약한 가전은 그렇게 안 되지만 국민브랜드 수준이라면 가격과 프로모션이 임팩트의 핵심이다.

비브랜드 신상품은 설명시간이 길어야 한다. 기초화장품 7종 세트를 설명한다고 했을 때, 설명을 개당 2분씩만 해도 14분이다. 7종을 충분히 설명하기 위해 필요한 시간이 14분이라고 했을 때, 처음부터 본 사람은 내 설명을 듣고 설득이 되겠지만 10분쯤 들어온 시청자는 9분까지 내용을 알 수가 없다. 그 시청자는 3분 동안 설명을 들었다. 비브랜드 신상품인데 후반부 3분 설명을 보고 들은 것으로 주문하기란 쉽지 않다.

라이브 방송의 특성상 가장 임팩트있는 내용으로 설득을 해야 한다. 그 상품 강력한 소구포인트 3개만 가지고 반복해야 좋은 매출을 기대할 수 있다. 커머스 방송은 오프닝 때부터 강력한 효능효과 보여 주기로 방송 종료 때까지 쭉 가야 좋은 매출을 기대할 수 있다.

오프닝 때 특집 방송하는 이유와 파격 프로모션 혹은 강력한 효능효과로 상품 구성 때 오늘 조건이 얼마나 파격적인지 상품설명 때 강력한 효능효과, 비포애프터로, 구매유도 때 2~3일 후에 개선될 희망, 변화될 모습에 대한 기대로 강력한 임팩트를 보여 주면서 방송해야 대박을 기대할 수 있다

 ## 커머스는 믿음 마케팅

V 커머스 판매에서는 믿음이 가장 중요하다. 소비자가 상품을 직접 체험할 수 없기 때문이다. 영상이나 라이브 보고 듣는 것 만으로 지갑을 열어야 하기 때문이다. 크리에이터의 주장을 소비자가 믿지 않는다면 구매하지 않는다. 오늘만 파격 조건이라는 주장을 믿지 않는다면 주문으로 이어지지 않을 것이다. 시청자가 저 크리에이터는 거짓말을 자주 하는 사람이라고 믿는다면 그가 하는 모든 주장에 믿음이 가지 않기 때문에 구매를 하지 않을 것이다.

믿음은 보이지 않게 작용하는 것이고 하루아침에 이루어지지도 않는

다. 믿음은 일반 방송에서도 단골 시청자를 만들기 위해서 굉장히 중요한 부분인데, V 커머스에서는 더더욱 그렇다. 커머스는 시청자가 돈을 지불하게 하는 방송이기 때문에 신뢰가 무너지면 구매는 잘 이루어지지 않는다.

지하철에 물건 파는 사람들이 있다. 1만 원짜리를 1천에 판다고 해도 사는 사람들이 많지 않다. 왜 싸게 파는데 왜 안 살까? 믿음이 없어서다. 그 상품이 진짜일까에 대한 믿음이 없어서다. 믿음을 주기 위해서 논리를 가지고 설득해야 한다. 논리에 허점이 있다면 거짓말 같기 때문이다.

대박 크리에이디가 되려면 믿을 수 있는 크리에이터가 되어야 한다. 믿을 수 있는 크리에이터가 되어야 상품이 잘 팔린다. 시청자가 크리에이터가 하는 말을 믿을 수 있게 해야 한다. 이런 이유로 '크리에이터의 가장 이상적인 얼굴은 믿을 수 있는 얼굴'이다. 또한, 크리에이터의 가장 이상적인 목소리도 믿음이 가는 목소리다.

거짓말 절대 하지 못할 것 같은 얼굴, CJ오쇼핑 23년차 쇼호스트 김연진

결론적으로 가장 이상적인 커머스 크리에이터의 생김새와 목소리는 믿을 수 있는 얼굴과 믿을 수 있는 목소리다. 믿을 수 있는 얼굴과 목소리는 하루아침에 만들어지지 않는다. 믿을 수 있는 크리에이터가 되기 위해서 가장 중요한 것은 진정성과 자신감이다. 진정성으로 무장해서 자신감 있게 전달하는 것이다. 진정성이 있어야 한다. 진실함과 진정성은 아무리 강조해도 지나치지 않는다. 커머스 크리에이터가 되기 위해서 필요한 것은 상품에 대한 진정성과 자신감이다.

아리랑TV 캐스터 겸 라이브킹 커머스 크리에이터 이지현

진정성의 의미는 상품의 팩트적 진실을 말하라는 것은 아니다. 상품의 단점까지 솔직하게 까발리는 것이 진정성이 아니다. 상품의 단점을 극대화해서 솔직하게 말하는 것이 진정성이라는 말이 아니다. 오늘은 A화장품 좋다고 했다가 내일은 B화장품 좋다고 하고, 그 다음날은 C화장품 좋다고 하는 것이 거짓말 방송일까? 아니다. 시청자에게 그 상품의 장점을 극대화시키는 노력이 진정성이다.

모든 상품 마케팅의 공통점은 장점은 극대화하고 단점은 최소화하는 것이다. 장점을 극대화하는 것은 마케팅의 기본이다. 진정성이란 장점을 극대화하는 과정에서의 진정성을 말하는 것이다. 믿을 수 있는 크리에이터가 되려면 자신감이 있어야 되고, 자신감 있게 보여야 한다. 그 자신감 있는 모습으로 보여지기 위해서 필요한 것이 진정성이라는 것이다. 자신감이 시청자에게 느껴지려면 상품에 대한 진정성이 있어야 한다.

V 커머스 생방송의 진정성은 제품의 장점을 극대화시키는 과정에서의 솔직함이다. 현실적인 솔직함, 이것이 커머스 크리에이터의 진정성이다. '여러분 제가 이 상품을 이렇게 공부해 보니까, 이게 이렇더라고요' 같은 이런 말을 누구나 다하는데 진심을 가지고 공부를 하지 않고, 깨닫지 않으면, 듣는 사람에게 감동이 오지 않는다.

그 상품의 장점을 자기 생활에 녹여서 체화한 다음 방송하는 것을 권한다. 그래야 당당하고 솔직하게 '이 상품 써 보십시오'라고 권할 수 있다. 진정성과 자신감이 없으면 물건이 팔리지 않는다. 진정성을 바탕으로 자신감이 있어야 좋은 매출을 할 수 있다. 상품에 대해 자신감 있게 표현하려면 자기 스스로 깨닫고 체화되어 있어야 한다. 그래야 매출이 잘나온다.

8 커머스 프로모션 노하우

왜 지금 사야 하는지 시청자를 설득하기 위한 작전, 방송 중에만 이조건, 이 구성, 이 가격이라고 하는 프로모션은 논리적 근거와 이유가 있어야 한다. 왜 할인하는지, 논리적 이유가 명확해야 한다. 개국특집, 설 특집, 어버이날 특집, 신학기 특집, 봄맞이 특집, 서머 특집, 송년 특집, 100만 개 판매돌파 감사 세일, 1,000만 병 돌파기념 고객 감사 세일…

프로모션 조건은 매번 달라야 하다. 그리고 반드시 약속을 지켜야 한다. 몇 시까지만 이 가격이라면 반드시 지켜야 한다. 시청자와 약속한 것은 사소한 것이라도 반드시 지켜야 신뢰가 생긴다. 그래야 프로모션 효과가 극대화된다.

매번 방송할 때마다 프로모션의 조건이 변해야 하는데 사은품을 바꾸거나 경품을 거는 것이 가장 좋다. 경품은 경품자체 때문에 매출이 폭발적으로 나오지는 않는다. 경품을 걸었는데 매출이 잘 나왔다면 그 이유는 소비자가 '특집 방송'이라는 분위기를 느꼈기 때문이다. '1주년 특집이라 오늘 파격적으로 주는가 보다'라는 생각을 하기 때문에 그 시간에 주문을 하는 것이다. 특집 분위기를 느끼면 정말로 오늘 조건이 좋을 것이라는 판단을 하기 때문에 매출이 좋게 나오는 것이다. 경품은 '특집판매 방송이다'는 것을 믿게 해 주는 장치로 의미가 있을 뿐이다. 혹시 경품 때문에 물건을 사는 사람은 만약에 자기가 경품에 당첨이 안 되면 취소율이 높아진다.

롱런하려면 본 구성과 가격은 건들이지 말고 추가구성과 경품 중심으로 구성을 하는 것이 좋다. 혹시 특집 방송에서 파격적인 구성과 가격을 낮췄다면 다음 방송부터 다시 원상복구시켜야 한다. 한 두 번 매출이 저조할 수 있지만 롱런하려면 그렇게 해야 한다. 상품은 그 상품 자체에 대한 속구로 그 상품 자체에 대한 설득방식에 의해서 팔리는 것이지 조건에 의해서 팔리지 않는다.

이미 산 사람들은 고객이 아니다. 이미 구매해서 사용해 본 고객은 그 제품이 좋으면 인터넷으로 재 구매를 한다. 기존 고객은 조건만 보고 산다. 그날 방송 특집 조건 보고 바로 구매한다. 생방송 시작하고 10~15분 정도는 설명하면 주문이 올라온다. 10여 분쯤 후에야 주문이 올라오는 건데, 특집 방송할 때 5분 이내에 주문이 올라오기 시작하면 그 주문한 사람들은 대부분 써 본 사람일 가능성이 높다. 롱런하려면 조건은 나중 문제다. 중요한 건 상품 자체의 힘으로 팔릴 수 있어야 한다. 이것이 롱런의 비법이다.

프로모션을 남발하는 것은
스테디셀러가 못되게 방해하는 최대 잘못이다

 ## 9 커머스 프로모션의 함정

무조건 막 퍼 주면 대박날까? 그렇지 않다. 특집 프로모션 방송을 했는데 보통 때보다 더 안 팔릴 수도 있다. 이유가 뭘까? 특집이라고 무엇을 하나 더 주면 상품의 핵심포인트를 강조하지 못하고 구성과 가격조건만 1시간 내내 떠들기 때문이다.

국민브랜드 상품이라면, 시청자들이 다 알고 있는 상품이라면 조건만 좋으면 산다. 하지만 그 제품의 가치를 모르는데 뭘 하나 더 준다고 그 사은품 때문에 구매하지는 않는다.

론칭한 지 3개월 정도 된 상품은 뭘 더 준다고 해서 대박이 나기 어렵다. 상품공급사와 크리에이터만 그 상품을 알고 있는 것이다. 일반 소비자가 그 상품에 대해 알고 있다고 생각하면 가장 기본적인 내용들을 설명하지 않고 생략하게 될 가능성이 높다.

좋은 매출을 원한다면 늘 첫 방송처럼 해야 한다. 기본에 충실해야 한다. 가격과 구성은 상품자체의 본질적인 가치는 아니다. 지금 즉각적인 구매유도를 위한 설정일뿐이다.

프로모션의 함정에 빠지는 실수를 안 해야 한다.

특집이라는 깃 때문에 본 상품의 가장 중요한 가치 신달을 소홀히 하게 된다. 그것 때문에 그 상품을 처음 보는 소비자는 구매하지 못한다. 그 제품을 사용해 보고 만족한 사람들은 대박 구성만 보고도 주문할 수 있다. 그렇지 않는 대부분의 사람들은 상품을 처음 보기 때문에 상품 설명을 듣고 공감하지 않는다면 아무리 프로모션이 좋아도 구매하지 않는다. 상품의 가치가 선행하지 않는 한 주문하지 않는다. 프로모션으로 대박을 치려면 시청자가 그 상품의 가치를 알고 있어야 가능하다.

프로모션의 함정이란?

프로모션을 집중 설명하느라 상품의 핵심가치를 설명하지 못해서 처음 보는 시청자는 공감하지 않고 구매하지 않는다. 그래서 프로모션을 자주하면 서서히 매출이 떨어진다는 말이다

라이브 커머스

제5장

라이브 커머스 방송기술 및 라이브 진행 문법

방송 촬영 용어와 촬영 스킬

1) 사이즈

사이즈란 인물을 찍을 때 보이는 인물의 크기를 말한다. 사이즈는 나와 시청자와의 거리다. 가장 자주 쓰는 사이즈는 FS(풀숏)/WS(웨이스트숏)/BS(버스트숏)/CS(클로즈숏)/CUS(클로즈업숏)이다.

풀숏

웨이스트숏

버스트숏

클로즈업숏

가. 풀숏(FS)

인물의 머리에서 발끝까지 사이즈다. 배경숏 혹은 상황 설정숏이라고 도 한다. 주로 인물이 어느 공간에 있는지 보여 줄 때 쓴다.

풀숏보다 더 멀리서 찍는 사이즈는 롱숏(LS)이라 하고 배경을 풀숏보 다 더 넓게 보여 줄 때 쓴다.

나. 웨이스트숏(WAIST SHOT)

머리에서 허리까지 사이즈로 미디움숏이라고도 한다.

아나운서, MC를 보여 줄 때 주로 쓰는 숏이다.

다. 버스트숏(BUST SHOT)

머리끝에서 가슴 부분까지 사이즈다. TV 기본사이즈이며 1인 방송의 기본 사이즈다.

라. 클로즈업숏(CUS)

인물의 얼굴 중심으로 찍는 숏이다. 업숏(US), 클로즈업숏(CUS), 얼굴 타이트숏(TS)이라고도 한다.

2) 레벨(카메라 높이)

카메라와 인물의 눈높이를 레벨이라고 한다.

카메라가 눈보다 위에 있으면 HIGH 레벨,
카메라가 눈과 평행선상에 있으면 EYE 레벨,
카메라가 눈보다 아래에 있으면 LOW 레벨이라고 한다.

가. HIGH레벨

인물의 눈보다 위에서 찍는다.

나. EYE레벨

인물의 눈높이에서 찍는다.

다. LOW레벨

인물의 눈보다 아래에서 찍는다.

3) 포지션 (카메라 위치)

포지션이란 정면, 옆면, 뒷면 등 촬영할 때 카메라가 서 있는 위치를 말한다.

카메라 위치가 바뀌면 배경이 바뀐다.

역동적인 그림을 위해서 다양한 위치에서 촬영하는 것도 좋다

정면

옆면

뒷면

한 위치에서 방송하는 것은 지루해질 수 있다. 찍는 위치를 수시로 바꿔 주면서 방송을 하면 보다 더 역동적이고 지루하지 않다.

4) 헤드 룸(HEAD ROOM)/헤드스페이스(HEAD SPACE)

헤드룸이란 피사체 머리 윗부분이 화면 위 라인과 사이 공간을 말한다. 아래 사진 빨간색 부분을 헤드룸 혹은 헤드스페이스라고 한다. 가운데 사진이 헤드룸이 제대로 형성되어 있다. 왼쪽은 헤드룸이 너무 많고 오른쪽은 아예 없다. 전문가가 아닌 일반인들이 자주 하는 실수가 아래 왼쪽처럼 헤드룸이 너무 비어 있게 촬영하는 것이다. 오른쪽처럼 헤드룸 자체가 없게 촬영하는 경우는 거의 없는데 왼쪽처럼 너무 비어 있게 촬영하거나 생방송하는 경우가 자주 발생한다.

5) 황금분할과 시선

촬영할 때 인물은 어디에 두어야 할까? 황금분할이란 화면을 세로로 3등분하는 것이다. 전문용어로 '리드'라고 하는데 쉽게 '시선방향, 시선공간' 정도로 이해하면 된다.

아래 사진은 인물을 시선을 한 방향을 보게 하고 3등분 한 것이다. 중앙이 정상적인 위치에 있고 왼쪽은 왼쪽으로 치우쳐 있지만 크게 잘못된 것으로 느껴지지 않는데 오른쪽은 많이 이상하다. 왼쪽 사진에 이상함을 느끼지 않는 이유는 인물의 시선이 빈 공간을 채우고 있기 때문이다.

촬영이나 라이브 방송 때 인물의 시선방향으로 공간을 충분히 주면서 찍어야 한다. 그래야 화면이 안정되기 때문이다.

라이브 방송 촬영 스킬

1인 방송 라이브 커머스 촬영은 어떻게 해야 하는가.

1) 가치의 극단을 보여 줘라/최고로 표현될 수 있는 효과를 보여 줘라

커머스 영상은 그 상품의 가치가 강력하게 구현된 어떤 모습을 보여 줘야 한다. 그 특장점의 극단에서 상품이 극적으로 사용되는 모습을 보여 줘야 한다. 평범한 효능효과, 평범한 비포애프터는 지금 바로 구매해야 할 이유가 약해지기 때문이다.

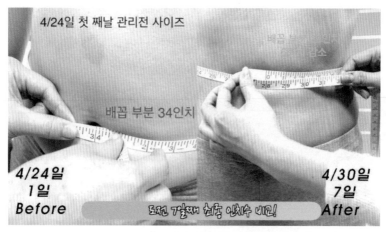

4/24일 첫 째날 관리전 사이즈

배꼽 부분 34인치

4/24일
1일
Before

4/30일
7일
After

도전 7일째 최종 인치수 비린!

7일간 1시간씩 라이브 방송으로 마사지 한 후 허리둘레 측정

칼, 가위 등을 설명할 때, 킬로 종이도 자르고, 가위로 쇠도 사르고, 뼈다귀도 자르고 하는 모습을 보여 주는 이유가 그것이다. 실생활에서는 가위로 쇠를 자르지 않지만 시연에서 쇠를 자르는 이유는 이 정도로 효과가 강력하다는 것을 표현하는 것이다. 어떤 물건이 얼마나 단단한지 큰 트럭 바퀴 밑에 두고 트럭이 밟고 지나 가는 것도 마찬가지 이유다.

라이브로 효과를 강력하게 보여 줄 수 있다면 비브랜드 신상품이라도 해볼 만하다. 라이브는 조작을 못 하기 때문이다.

2) 타이트숏을 위주로 찍어라

풀숏은 스마트폰에는 안 어울리는 사이즈다. 스마트폰에서는 가능한 타이트하게 보여 주는 것이 유리하다. 상품군별로 풀숏이 필요한 장르가 있는데, 바로 패션, 의류 같은 스타일류와 여행이다. 의류는 천의 조직이 중요하지 않고 전체적인 모습이 중요하기 때문에 패션영역에서는 타이트숏보다 풀숏이 중요하다.

패션의류와 대형가전과 가구 상품군이 풀숏이 중요한 상품군이고 나머지 상품군은 대부분 타이트숏으로 찍는 것이 더 좋은 매출을 할 수 있다.

스마트폰으로 생방송을 하거나 촬영할 경우엔 특히 더 타이트하게 보여 주는 것이 좋다. 스마트폰 화면이 작기 때문이다. 타이트숏 위주로 되지 않으면 시청자가 보기 힘들어진다. 시청자가 주로

스마트폰으로 보기 때문에 사진이나 영상이 타이트하게 보여질수록 메시지 전달이 유리하다.

스타일 장르가 아닌 영역에서는 풀숏은 상품에 대한 정보를 주는 것으로 충분하다. 뭔가 느낌을 주려면 가깝게, 타이트하게 찍는 것이 좋다.

3) 다양한 높이로 찍어라

대부분 눈높이에서 찍는다. 다양한 그림, 역동적인 그림을 보여 주려면 레벨의 변화를 줘야 한다. 눈높이로도 찍고 위에서도 찍고 바닥에서도 찍는 것이 좋다. 눈높이촬영보다 바닥촬영이 더 아름답다는 말이 아니다. 피사체의 최상의 가치를 찍기 위해 다양한 높이에서 찍으라는 말이다.

울금꽃, 위에서 아래로 촬영　　　　　　눈높이로 촬영

청송에서 채취한 송이를 땅바닥에 두고 위에서 찍은 것과 하늘을 배경으로 밑에서 올려서 찍은 것이다. 찍는 높이만 바꿨을 뿐인데 느낌의 차이는 크다.

4) 다양한 위치에서 찍어라

영월 청령포 단종에게 절하는 소나무

찍는 위치에 따라 피사체와 배경이 변한다. 다양한 그림을 보여 주기 위해 가능한 다양한 위치에서 찍는 것이 좋다. 찍는 위치가 변하면 그림 자체가 변한다.

고성 송지호, 호수에서 바다로 나가다 막힌 지점

5) 카메라(폰)를 시청자가 충분히 볼 수 있도록 천천히 움직여라

생방송을 하거나 촬영을 할 때 일반인들은 대체로 카메라 움직임이 빠르다. 찍는 자신은 이미 다 잘 알고 있기 때문에 무의식적으로 움직이는데 그 속도가 내용을 모르는 시청자가 보기에 빠르게 느껴지기 때문에 촬영자는 의도적으로 천천히 느리게 찍는 것이 좋다.

스마트폰을 세워놓고 방송을 진행할 경우에는 진행자가 움직이는 것이 좋다. 폰에 가까이 대서 타이트하게 보여 주고, 뒤로 물러 서서 전체도 보여 주고… 이렇게 카메라 쪽으로 들어갔다 나왔다를 수시로 반복하면 보여 주면 시청자가 더 집중해서 볼 수 있다.

카메라(폰)를 움직일 경우 슬로우 비디오 움직이듯 아주 천천히 움직이면서 보여 줘야 한다. 그래야 시청자가 충분히 볼 수 있고 느낄 수 있기 때문이다.

6) 핵심내용은 반복해라

라이브 방송에서 반복은 매우 중요하다. 라이브 방송은 흐르는 강물처럼 한 번 지나가면 그걸로 끝이다. 똑같이 다시 할 수도 없고 다시 되돌릴 수도 없다. 시청자 입장에서 그렇다는 말이다. 시청자는 내용도 모르면서 남이 보여 주는 것만 봐야 하는 상황에 있는 사람들이다. 따라서 여러 번 보여 줘야 한다. 시청자가 이해 못하면 내 손해기 때문에 이해할 때까지 핵심내용을 반복하는 것이 유리하다.

신선초, 원산지 하치조지마 섬 자생 아시다바(명일엽)

좌상단 그림은 원산지임을 보여 주기 위해 중요한 영상이다. 왼쪽 아래 두 번째 그림은 돌 틈 사이에서 자라는 강인한 생명력 전달을 위해 중요한 영상이다. 노란 액체는 '칼콘'이라는 성분이다. 줄기를 자르면 노란 액체가 흘러나오는데 이 노란 액체가 '명일엽'의 핵심 성분이다.

라이브 방송 때는 중요한 것일수록 반복적으로 설명해야 좋은 매출을 기대할 수 있다. 한 상품에 10가지 장점이 있다면 동영상으로 제작할 때는 10개를 다 표현해야 하고 라이브 방송할 때는 10개 중에서 가장 강력한 세가지를 집중적으로 반복하는 것이 좋은 매출을 하는 방법이다.

 ## 라이브 방송 시 조명의 활용 노하우

조명이 없으면 영상은 존재할 수 없다. 빛이 좋을수록 영상이 좋다. 스마트폰 조명과 카메라의 조명은 다르다. 스마트폰은 일상 생활 환경에 짤 찍히게 설계되어 있어서 별다른 조명 없이도 촬영할 수 있다.

조명 기준으로 촬영 구분은 다음과 같다. 공간구분은 실내냐, 야외냐, 시간구분은 낮이냐 밤이냐로 구분한다. 결론은 태양 아래에서 찍느냐 아니냐다. 스마트폰이 일상 생활에서 잘 보일 수 있게 설계된 것이라 조명의 속성을 이해하고 주변 조명을 잘 활용하면 좋은 그림을 얻을 수 있다.

1) 야외/낮에는 태양을 등 뒤에 두고 찍어라

야외 촬영은 밝은 곳을 등지고 촬영하는 것이 기본이다.

태양을 마주보면 피사체는 실루엣으로 표현된다. 태양빛의 세기가 강할수록 실루엣이 더 어두워진다. 왼쪽 인물이 오른쪽보다 더 어둡게 보이는 것이 태양빛의 세기 때문이다. 왼쪽은 태양이 하늘에 있고 오른쪽은 산에 일부가 가려져 있다.

기념사진이나 작품사진에서 노을, 석양 장면들이 많은 이유가 그나마 태양을 바라보며 촬영할 수 있기 때문이다.

2) 강렬한 태양 아래서 찍으면 색상 표현이 잘 안 된다

강렬한 태양 아래서는 과다노출이 되기 때문에 색상이 제대로 표현되지 않는다. 왼쪽사진은 태양을 마주 보고 찍은 것은 아니지만 물빛에 반사된 태양빛의 세기가 강력했기 때문에 몸매라인에 삐죽삐죽 삐져 나온

것들이 그 증거다.

　오른쪽은 밝은 창가를 마주보고 찍어서 과다노출로 얼굴이 하얗게 나온 그림이다. 실내라고 할지라도 큰 유리창가는 야외와 태양빛의 세기가 비슷하기 때문에 과다노출 위험이 있다.

　생방송할 때 얼굴이 하얗게 나오거나 피사체의 색상 표현이 잘 안 된다면 빛이 좀 더 약한 곳으로 이동해서 방송하면 해결된다.

3) 야외/밤에도 밝은 곳을 등뒤에 두고 찍어라

　사진처럼 석양을 마주 보고 찍으면 실루엣이 된다. 셀카(전면)로 나를 찍을 경우에 석양을 배경에 두고 나를 실루엣으로 표현하려면 석양을

마주 보면 되고 내 얼굴을 정확하게 표현하고 싶다면 석양을 피해서 찍으면 된다.

4) 실내/낮에는 창문을 등 뒤에 두고 찍어라

실내에서 조명 세기가 가장 센 곳이 창문이다. 그래서 후면으로 방송할 때는 창가를 내 뒤쪽에 두고 찍어야 하고 전면(셀카)으로 방송할 때는 창가를 바라보는 방향으로 하고 방송을 해야 내 모습이 정확하게 표현된다.

5) 실내/밤에는 피사체를 조명기구 아래에 두고 찍어라

실내, 밤에 방송을 할 경우엔 그 공간에서 가장 밝은 조명을 받는 곳에서 하는 것이 잘 보인다.

위 두 사진은 동일한 원룸인데 왼쪽은 공간을 잘못 잡은 것이고 오른쪽은 밝은 곳을 바라보는 것이다. 실내에서 방송할 경우 항상 천장조명 기구 비로 아래에서 방송하면 큰 문제없이 방송할 수 있다.

6) 전면/후면 촬영 시 조명 활용

스마트폰은 전면과 후면 기능이 있다. 전면은 셀카처럼 나를 노출할 때 사용하고 후면은 대상물을 노출할 때 사용한다.

왼쪽이 전면으로 나를 노출시킨 것이고 오른쪽이 후면으로 대상물을 노출시키는 것이다.

시청자와 인사할 때, 대화할 때는 전면(셀카)으로 해서 시청자와 눈 마주치며 소통하는 것이 좋고 내 눈에 보이는 대상물을 정확하게 보여 주고 싶을 때는 후면으로 해서 방송하면 된다. 스마트폰 라이브 방송은 전면 카메라와 후면 카메라를 수시로 왔다 갔다 하면서 하는 방송이다.

라이브 커머스 방송과 홈쇼핑 라이브 방송은 진행순서가 똑같다. 구매계획이 없는 시청자들을 설득해서 그 자리에서 주문하게 해야 하는 구조가 같기 때문이다.

시청자 타깃도 영상을 이용한 설득방법도 라이브 진행도 모두 다 똑같은데 가장 중요한 한 개가 전혀 다르다.

'실시간 양방향 소통'
이것이 홈쇼핑방송과 거미스방송의 가장 큰 차이이고 차별화 지점이다.

1인방송은

시청자의 눈을보고
(카메라렌즈를 보고)
대화하는 방송이다

상품 판매를 라이브 방송을 통해서 할 때 진행순서는 아래와 같다.

오프닝(인트로포함) → 상품 구성과 프로모션 → 상품특장점설명 → 구매유도

이 순서가 라이브 커머스 방송의 공통순서다. 커머스방송은 여기에 시청자와 양방향 소통을 하면서 진행한다는 큰 차이가 있다. 양방향 소통은 홈쇼핑에서 하고 싶어도 심의문제, 기술적 문제 등 때문에 하지 못한다.

커머스 크리에이터 희망자는 이 '실시간 양방향 소통'에 집중해서 기획하고 훈련해야 훌륭한 크리에이터가 될 수 있을 것이다.

1) 오프닝(인트로 포함)

오프닝은 재미있거나 충격적인 내용을 몸이나 그림으로 시작하는 것이 말로 하는 것보다 무조건 더 재미있다.

가. 오프닝 때부터 임팩트가 있어야 한다

시청자가 채널 고정할 수 있는 임팩트 있는 그림을 보여 주거나 주장을 해야 시청자가 채널 고정할 가능성이 더 높아질 것이다.

나. 말 위주로 하지 말고 쇼킹한 동작이나 그림 위주로 하는 것이 좋다

방송을 시작할 때 대부분 말로 시작하려고 한다. 그런데 그 말 자체가 강력한 내용을 가지고 있다면 괜찮은데 그렇지 못할 경우가 많다. 인트로 때부터 시청자의 관심과 주목을 받아야 방송을 계속 보게 되고 상품 판매도 잘되는 것인데 오프닝을 말부터 하려고 한다.

다. 연역적으로 시작하는 것이 좋다

'한 번 바르면 1개월 동안 주름이 퍼진 상태로 유지해 주는 주름개선 신제품', '밥 세끼 다 먹고 회식까지 먹고도 매일 한 알만 드시면 한달 동안 5kg을 줄여 주는 다이어트 신약, 요요 현상도 없는' 이런 식의 상품의 특장점 중 쇼핑한 내용으로 시작하거나 오프닝은 당일 방송에서 가장 중요한 내용을 시작할 때 먼저 전달하고 시작하는 것을 권한다.

'100주년 기념 선착순 100분에게 50% 할인판매'
'천만 개 판매기념 고객감사세일 오늘만 70% 할인판매'
'1인 방송 첫 생방송 기념 00000 특집 방송'

오프닝 때부터 시청자를 잡고 가지 않으면 좋은 매출을 할 수가 없기 때문에 시청자를 잡고 갈 수 있는 것이라면 무엇이든 좋다.

반드시 프로모션 조건으로 시작하지 않아도 좋다. 특별하게 할게 없을 경우, 가장 일반적인 오프닝이 파격조건으로 오프닝하는 것이다. 조건으로 시작하는 오프닝이 방송의 질적 측면에서는 가장 낮은 곳에 있는 방법이다. 상품의 특장점으로 시청자를 잡아 둘 수 있는 오프닝이 가장 높은 곳에 있는 방법이다.

2) 상품 구성과 프로모션

오프닝 끝나고 바로 오늘 판매할 상품이 뭔지, 몇 개를 주는지, 가격은 얼마인지, 무이자는 몇 개월인지, 오늘 프로모션은 뭔지를 알려 주는 단계이다.

가. 시청자들이 쉽게 이해할 수 있도록 간결하고 쉽게 설명한다

상품 구성을 설명할 때는 반드시 상품을 보여 주면서 설명해야 한다. 크리에이터가 자신은 머릿속에 구성이 다 들어 있기 때문에 말로만 설명하고 넘어가는 경우가 종종 있다. 시청자는 그 내용을 처음 듣는 것이라 말로만 하면 이해되지 않는다. 한 통으로 몇 번 사용할 수 있는지, 몇 개월 섭취하는 것인지 등을 구체적이면서 쉽게 설명해 줘야 시청자가 이해할 수 있다.

나. 오늘 프로모션은 왜 하는지 그 프로모션 내용은 무엇인지 쉽게 설명한다

원 가격이 얼마였는지, 인터넷 최저가는 얼마로 되어 있는지, 매장에 가서 사면 얼마인지 등을 말해 주면서 오늘 이 프로모션이 얼마나 좋은 조건인지를 설명한다. 무이자는 몇 개월인지, 카드별 무이자 개월 수는 어떻게 되는지, 청구할인은 몇 %인지, 배송비는 가격에 포함되어 있는지 아닌지, 제주도와 도서지방 배송비는 얼마가 추가되는지··· 이런 부분들도 구체적으로 친절하게 알려 주어야 한다. 구체적이고 쉬워야 하는 이유는 그래야 시청자의 구매 결정 시간이 단축되기 때문이다.

3) 상품특장점 설명

상품 구성 설명이 끝남과 동시에 상품의 특징과 장점을 설명한다. 판매를 위해 가장 중요한 부분이다. 지금 구매하면 이 상품으로 무엇을 할 수 있는지, 이 상품이 시청자의 어떤 부족한 부분을 채워 줄 수 있는지, 이 상품으로 인하여 시청자의 무엇이 개선되고 좋아지는지 등을 말로만 설명하지 말고 그렇게 되는 모습을 보여 주면서 설명해야 한다. 설명의 수준은 이 상품을 전혀 모르는 사람에게 설명하듯 해야 한다. 구체적으로 설명하되 임팩트 강하게 설명할수록 매출이 좋아진다.

커머스 방송에서 상품 설명할 때 가장 중요한 것은 **보여 주기**다. 크리에이터가 주장하는 내용을 라이브로 보여 주면서 설명하는 것이다. 보여 주지 않고 말로만 설명하는 것은 전달도 잘 안 되고 믿음도 가지 않는다.

4) 구매유도

구매유도는 수시로 자주해야 한다.

구매유도는 상품설명이 끝나고 나서 하는 것이 논리적이다. 어떤 상품인지 오늘 얼마나 좋은 조건인지 설명을 다 한 후에 이제 주문하라고 하는 것이 논리적이다. 그러나 라이브는 시청자들이 수시로 들락거리기 때문에 10분 이상 설명을 다 듣기가 쉽지 않다. 이렇기 때문에 수시로 구매를 유도해야 한다. 시청자의 입출입이 빈번하게 이루어지기 때문에 오프닝 때부터 상품 구성, 프로모션, 상품설명의 모든 과정에서 구매유도를 하는 것이 매출에 도움을 준다.

오프닝 때부터 '오늘 구매하시면 이런 특혜가 있습니다', '오늘 개국 100주년 특집이라 사상 최대의 고객감사세일이 열립니다' 등으로 구매를 유도한다.

상품 구성과 프로모션에서도 '오늘 추석특집이라 1+1에 경품으로 승용차 1대, 1,000만 개 돌파 고객 감사 대박세일, 전 품목 50% 할인, 선착순 100명께 드립니다'라고 한다.

상품설명 중에서도 '이렇게 맛있는 갈비를 이번 주말에 가족들과 캠핑에서 맛있게 드세요. 지금 주문하시면 금요일까지 배송되니까 지금 주문하세요', '2달 후엔 이렇게 예쁜 몸매가 될 수 있습니다. 지금 구매하셔서 예쁜 몸매로 여름해변을 즐기세요'라고 하면 된다.

라이브 구매유도는 수시로 해야 한다. 그러나 초보가 오프닝 때부터 주문을 유도하기란 쉽지 않다. 초보 때는 위 순서대로 진행하고, 경험이 쌓이면서 '수시로 구매유도하기'를 시도하는 것을 권한다.

이 상품이 있으면 너무 좋아할 사람은 누구인가

 라이브 커머스 방송 시청자 응대 노하우

커머스 방송에서 시청자와 실시간 응대는 가장 중요하다.

실시간 시청자와의 소통방송은 1인 커머스 방송이 TV 홈쇼핑을 이길 수 있는 영역이기 때문이다.
1인 커머스 방송이 대형쇼핑몰을 이길 수 있는 영역이기 때문이다.

홈쇼핑 방송에서는 실시간 시청자 응대 방송을 할 수 없다. 오직 라이브 커머스 방송에서만 실시간 시청자와 소통이 가능하다. 대형 인터넷 쇼핑몰에서도 역시 소비자와 실시간 대응을 하지 못한다. 1인 라이브 커머스에서만 가능하다.

기존 직거래라고 하는 방식은 '결제의 직거래'이지 구매 결정 단계에서 직거래는 1인 라이브 방송 외엔 없다. 라이브 커머스 방송은 판매자(크리에이터)가 실시간으로 상품을 설명하고 시청자가 실시간으로 문의한 후 구매 결정을 한다.

라이브 커머스는 진정한 직거래 방식이다. 구매 결정 단계에서 배송, A/S, 결제까지 모두 다 직거래이기 때문이다. 소비자가 직접 생산자에게 실시간으로 질문하고 생산자는 질문받은 내용들을 실시간으로 보여주고 답변하는 방식으로 거래가 이루어지기 때문이다.

1) 새로 입장하는 시청자들과 개별 인사를 한다

커머스방송은 소통이 무엇보다 중요하기 때문에 시청자들과 친해지는 것이 좋다. 인사를 할 때 건성으로 하지 말고 진심으로 인사하는 것이 좋다.

2) 댓글 질문에 친절하게 답변한다

모든 댓글에 응대하는 것이 좋다. 질문 댓글에는 반드시 답변해 줘야 한다. 답변을 할 때는 반드시 질문자 이름을 부른 뒤에 답변하는 것이 좋다.

3) 개인적 친분 관계가 있는 사람과 장시간 소통하지 않는다

가족이나 친구 등 개인적으로 친한 사람과 길게 소통하면 안 된다. 그들만의 리그라고 생각하기 때문에 길어지면 나가 버린다.

4) 방송 종료직전에 현재 시청자들에게 감사인사하고 종료한다

방송 종료하기 전에 현재 시청중인 사람에게는 꼭 감사인사를 하고 마친다. 마무리 없이 갑자기 종료되면 시청자는 무시당한 느낌이 들기 때문이다.

5) 방송 종료 후 모든 댓글에 답변을 달고 감사를 표한다

방송 후 24시간 이내에 모든 댓글에 답변을 달아 주는 것이 좋다. 감사인사 답변, 질의응답, 다음 방송에 대한 예약 등 댓글을 달아 주면 고정 시청자를 형성하는데 도움이 된다. 생방중에 놓친 시청자들을 잡을 수도 있다.

라이브 커머스

제6장

상품군별 판매의 기술

라이브 커머스 상품군 분류

　상품분류는 상품의 특성을 이해하는 데 도움이 된다. 상품의 속성을 이해해야 상품 기획을 잘 할 수 있다. 상품마다의 속성을 알아야 판매를 잘할 수 있다.

　여기서 말하는 속성이란 '라이브 커머스라는 쇼핑환경에서 구매자의 구매 결정 과정'이다. 백화점이나 쇼핑몰에 가서 물건을 직접 체험해 보고 결정하는 방식이 아닌 커머스 환경, 즉 시각과 청각에만 의존해서 구매 결정을 해야 하는 환경에서 구매여부가 어떻게 결정되는지를 속성이라고 표현했다.

　상품분류는 상품을 공부할 때 대단히 중요한 부분이다. 표면적인 분류는 일반 인터넷 쇼핑몰 분류와 별반 다르지 않다. 상품의 속성을 이해하기 위해 모든 상품을 둘로 나눠 보면 많은 도움이 된다.

　유형상품 대 무형상품,

　계절상품 대 비계절상품,

　고가상품 대 저가상품,

　브랜드상품 대 비브랜드상품,

　대기업상품 대 중소기업상품,

　신상품 대 스테디셀러 상품,

　자주 쓰는 상품 대 어쩌다 한 번 쓰는 상품,

세상의 모든 상품을 두 가지로만 나누는 작업을 해 보면 상품의 속성을 이해하는 데 많은 도움이 된다.

비주얼 상품군/가치 상품군/가격 상품군

V 커머스특성에 맞춰서 필자가 분류한 상품 분류는 아래와 같이 3개로 나눈다.

비주얼 상품군/가치 상품군/가격 상품군

1) 비주얼 상품군

소비자가 구매 결정을 하는 데 가장 중요한 요인이 비주얼에 있는 상품군으로 패션, 의류, 잡화류의 상품군이다. 이 상품군은 보이는 모습에 승부를 걸어야 한다. 한마디로 예뻐 보여야 한다.

보이는 모습 자체가 가치를 전달하기 때문에 어떻게 보여 주느냐가 성패의 결정적 요인이다.

보석 상품군을 예로 들면 저가의 액세서리류는 비주얼 상품군이지만 고가의 진보석류(다이아몬드, 금, 진주, 루비, 사파이어 등)는 비주얼+가치가 같이 가야 잘 팔릴 수 있는 상품군이다.

진보석류는 진품에 대한 믿음이 전제되어야 구매로 이어지기 때문에 단순히 보석을 예쁘게 보여 주는 것만으로는 부족하다.

명품 잡화 상품군은 저가 가방류는 비주얼 상품군이지만 고가의 명품 브랜드 백은 비주얼+가치가 병행해야 잘 팔릴 수 있는 상품군이다.

가령, 동대문 빅백인데 1만 원이라면 대부분 살 것이다. 루이비통 신상품 1,500만 원짜리 빅백인데 1,000만 원에 판다면 정품에 대한 신뢰가 있어야 구입결정을

할 수 있을 것이다. '짝퉁이면 어쩌지?'에 대한 질문에 대한 답이 상품의 가치다. 이 답을 보여 줄 수 있어야 잘 팔릴 수 있다. 구매자 입장에서 가장 걱정하는 것은 진품여부일 것이기 때문이다.

가구 상품군도 비주얼과 가치가 섞여 있다. 테이블, 의자 등은 비주얼로 충분한데, 기능성의자, 기능성소파 등은 그 상품에 대한 가치가 선행되어야 잘 팔릴 수 있다.

대체로 잡화, 언더웨어 등 스타일에 관련된 상품은 비주얼 상품군이다. 물론 100% 비주얼은 아니지만 구매 결정과정에서 가장 우선이 비주얼이기 때문이다.

2) 가치 상품군

소비자가 구매 결정을 하는 데 가장 중요한 요인이 상품의 가치에 있는 상품군으로 건강, 이미용, 다이어트 류의 상품군이다. 이 상품군은 가치가 선행되지 않으면 아무리 가격이 저렴해도 팔리지 않는다.

'김현기 홍삼농축액' 3개월분을 1만 원에 판다고 할 때 살 사람이 있을까? '김현기 주름개선화장품'세트가 정가 20만 원인데 2만 원에 판다면 살까? 대부분 사지 않는다. 비브랜드인데다 검증되지 않은 신상품이라 신뢰할 수가 없기 때문이다.

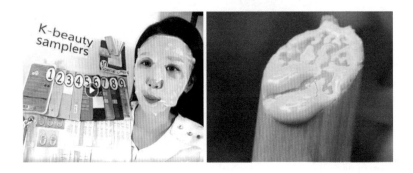

기초화장품과 건강식품은 속성이 비슷하다. 보여 줄 가치가 없다. 피부가 좋아지는 것을 생방송 중에 보여 줄 수가 없다. 혈행이 개선되는 모습을 방송을 보여 줄 수가 없다.

색조화장품은 색이 보인다. 미용기기는 애프터가 보인다. 그러나 기초화장품은 3개월쯤 후에 애프터를 볼 수 있다. 건강식품은 생산과정과 제조공정 등을 보여 줄 수 있지만 효능효과를 보여 줄 수 없다.

건강용품(발 마사지, 저주파자극기 등)은 그나마 사용되는 모습을 보여 줄 수 있다. 근육의 떨림 등을 보고 효능효과를 예측할 수 있게 해 준다. 그렇지만 그렇게 3개월 하면 몇 킬로그램이 빠진다고 주장할 수가 없기 때문에 건강용품도 가치에 대한 믿음이 가장 중요한 요인이다.

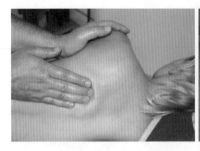

　왼쪽 사진보다 오른쪽 사진이 마사지효과가 더 있게 보인다. 상품의
가치를 보여 줘야 좋은 매출을 할 수 있다.

　상품의 효능효과를 보여 주기 힘든 상품군은 대부분 가치 상품군이
다. 가치 상품군은 가격에 민감하지 않은 상품군이다. 오직 가치에 집중
되어 있는 상품군이다.

3) 가격 상품군

가격만 좋으면 구매하는 상품군이다.

소비자가 구매 결정을 하는데 가장 중요한 요인이 가격에 있는 상품군으로 대형가전, 컴퓨터, 멀티미디어류의 상품군과 마트 전단지에 등장하는 상품들이다. 이 상품군은 가격과 추가구성, 무이자할부들 판매 조건이 얼마나 좋은지만 전달하면 팔린다. 가령 '딤채'가 시중가 200만 원인데 100명 한정 100만 원에 판다고 할 때 크리에이터는 별 다른 설명을 할 필요가 없이 가격할인만 강조하면 된다. 왜 이런 파격 할인을 하는지 설명과 함께 한정 수량과 할인만 말하면 된다.

컴퓨터, 멀티미디어의 경우도 동일 사양기준으로 가격으로 구매한다. 엘지 에어컨이냐 삼성 에어컨이냐, 삼성노트북이냐 HP노트북이냐는 구매자 취향에 따라 다르지만 같은 브랜드에 같은 사양이라면 가격으로 결정한다.

물론 예외는 있다. 김치냉장고인데 신생회사가 만든 김치냉장고라면 가격만 강조해서 팔리지 않는다. 브랜드가 되어 있지 않는 대형가전은 가치 상품군에 속한다.

이렇듯 비주얼 상품이나 가격 상품이나 가치 상품이나 속성이 완전하게 동떨어져 독립적으로 존재하고 있는 것은 아니다. 모든 상품에는 위세 가지 속성이 다 포함되어 있다.

가격이 아무리 좋아도 보이는 모습이 너무 안 좋다면 매출을 기대하기 어렵다. 가격 상품군이라고 해서 상품이 아름답지 않아도 된다는 말이 아니다. 같은 값이면 다홍치마라고 예쁠수록 좋겠지만 가격 상품군에서 가장 중요한 것은 가격이다. 비주얼 상품군은 예쁜데 가격이 턱없이 비싸다면 좋은 매출을 기대하기 어렵다.

가치 상품군도 마찬가지다. 예를 들어, 똑같은 영양크림이 A와 B가 용기 모양만 다른데 가격은 A가 5만 원이고 B가 20만 원이라면 누구나 B가 좋아 보인다. B가 A보다 효능효과가 더 좋아 보인다.

비주얼 상품군, 가격 상품군, 가치 상품군으로 구분하면 커머스 방송 전략을 세우는 데 큰 도움이 된다. V 커머스 상품은 비주얼과 가격중심인 상품이 있고 비주얼과 가치중심인 상품이 있고 가격과 가치중심인 상품이 있다. 상품군마다 설득방법, 접근방법이 달라야 한다. 같은 상품군에서도 상품의 상태에 따라 설득기술이 달라야 한다. 같은 상품인데도 시간에 따라 설득기술이 달라야 한다.

모든 신상품은

가치 상품으로 시작해서 성공하면 가격 상품이 된다

 ## 상품군별 판매기술 패션, 의류

V 커머스에서는 패션의류가 잘 팔린다. 그 이유가 무엇일까? 패션은 비주얼 상품이기 때문이다. 상품의 가치가 눈으로 다 보이기 때문이다. 어떤 옷이 어떤 색이고, 디자인이 어떻고, 스타일이 어떤 스타일이고, 길이가 어떻고… 눈에 보이는 옷의 모습 자체가 상품의 가치이기 때문이다.

패션을 잘 팔기 위해서 가장 중요한 것은 그 옷이 예뻐 보이게 하는 것이다. 패션방송은 상품이 철저하게 아름답게 보여지게 방송하는 것이 좋은 매출을 내는 방법이다.

크리에이터가 직접 입어 보고 워킹도 해 보고 해야 하기 때문에 크리에이터는 최대한 예쁘게 차려 입고, 예쁘게 코디하고, 예쁘게 메이크업

하고, 아름답게 액션하고 워킹해야 한다. 소비자가 입어 보고 실망해서 반품을 할지언정 최대한 아름답게 보여 줘야 한다. 그래야 좋은 매출을 기대할 수 있다.

보다 더 아름답게 보이기 위해 조명도 매우 중요하다. 스마트폰으로 촬영이나 생방송 할 때 조명은 일반 생활 조명보다 조금만 더 밝게 하면 된다. 캠코더나 DSLR카메라 조명을 하면 과다노출이 되고 색 표현도 잘 안 되기 때문이다.

아리랑TV 캐스터를 하면서 영어권 외국인 대상 영어 커머스 방송을 진행 중인 이지현 씨 모습이다. 왼쪽이 방에 있는 조명에서 방송하는 모습이고 오른쪽이 LED조명 등 몇 개를 추가해서 방송하는 모습이다. 패션과 인물 모두 아름답고, 피부가 곱고 예쁘게 보이려면 조명이 필요하다. 오른쪽 정도 나오게 하는 데 20~30만 원 정도 조명장비 세팅하면 가능하다.

야외에서 촬영할 경우, 태양이 강렬한 낮에는 가능한 촬영을 하지 않는 것이 좋다. 태양을 마주보면 오른쪽처럼 피사체가 실루엣으로 보인다. 태양빛이 너무 강하게 들어오면 과다 노출돼서 색이 하얗게 날라가 버린다. 폰 생방에는 옷 색깔이 잘 표현되는지 조명의 상태를 체크하면서 해야 상품의 가치를 정확하게 보여 줄 수 있다.

인터넷 쇼핑몰에서 모델들이 옷을 입고 홈쇼핑 모델들처럼 비슷하게 하는데, 판매에 별 도움이 안될 것이다. 매출에 도움이 안 되는 이유는 모델처럼 액션을 하는데 액션을 하는 장소가 좁은 공간이고, 패션 전문 모델이 아닌 일반모델이라 워킹이나 연기가 엉성해 보이기도 하고, 코디도 적당히 하고, 조명도 평범하기 때문이다.

패션 방송은 효능, 효과를 주장할 필요가 없다. 규격화된 경쟁 상품이 없기 때문에 가격도 별로 문제가 안 된다. 디자인이 똑같은 공산품이 아니니까, 상품 모델마다 스타일이 다르기 때문이다.

패션 상품을 대박내기 위해 가장 중요한 포인트는 그 상품이 가장 아름답게 보여지게 하는 것이다. 그러기 위해서 크리에이터는 최대한 옷을 예쁘게 입어야 하고, 그 옷이 돋보일 수 있게 코디해야 하고, 옷과 잘 어울리게 메이크업해야 하고, 방송 장소도 그 옷이 돋보일 수 있게 세팅해야 한다.

크리에이터 멘트 역시 사신도 이렇게 아름답게 변신했다는 주장과 함께 당신도 이 옷을 입으면 아름답게 뽐낼 수 있다는 믿음과 기대를 갖도록 해야 한다. 패션 상품군을 설명할 때 공통적으로 하는 말들이 있다. 바지는 다리가 길어 보이고, 엉덩이를 받쳐 주고, 허리선을 날씬하게 보여 주고, 어깨 선을 좁혀 주고… 어떤 상품이든 상품의 가치는 똑같다.

모든 기초화장품이 피부를 투명하고 촉촉하고 탄력 있게 해 준다는 말과 비슷하다. 상품의 디테일을 설명할 때는 대부분 이중 박음질을 해서 어디가 어떻게 되고, 디자인이 어찌어찌 되어서 어떻고, 포켓이 어떻게 만들어져서 세련되고, 어떤 옷이든 설명이 엇비슷하다.

커머스에서 대박을 치려면 그렇게 해서는 안 된다. 그 상품(옷)만의 특징이 보이게 해야 한다. 똑같은 옷이 없으니까 기본적으로 하는 말을 하되 그 제품이 갖고 있는 특징들을 시청자가 느낄 수 있도록 설명해야 한다. 그 옷만이 줄 수 있는 스타일과 아름다움으로 설득을 해야 한다. 모든 옷은 궁극적으로 아름다움을 추구하기 때문이다. 세련되어지거나 예뻐지거나 섹시해지거나… 모든 옷은 궁극적으로 아름다운 스타일을 추구하기 때문이다.

크리에이터는 그 옷만이 갖고 있는 형태상 특징(생긴 모습, 박음질, 색상, 지퍼, 포켓, 버튼)들을 설명할 때 스타일을 중심으로 설득해야 한다. 박음질이 이러저러하게 되어 있어서 엉덩이를 받쳐 주는 역할을 하고 모두 똑같이 비슷한 주장을 하는 것이지만 그냥 주장만 하지 말고 그 제품만이 가지고 있는 고유의 특성으로 설명해야 한다. 패션 크리에이터는 헤어, 메이크업에서부터 코디까지 워킹모델에서 생방송진행까지 혼자서 해야 한다.

상품군별 판매기술 언더웨어

　속옷은 브라팬티류와 보정속옷류가 있다. 속옷은 다른 상품군에 비해 독특한 속성을 가지고 있다. 속옷은 타인에게 노출되지 않는 특성을 가지고 있다. 속옷은 그 상품을 보는 사람이 본인과 애인 혹은 가족 정도 밖에 없다. 보는 사람이 극히 소수다. 더욱이 보정 속옷류는 치부라고 생각하기 때문에 타인에게 노출되는 것을 꺼려한다. 속옷은 그 제품을 착용한 모습을 보는 사람 수가 가장 적은 상품군이다. 세상에서 한 명이나 두 명만 볼 수 있는 속옷인데 왜 비싼 속옷을 입을까? 나만 볼 수 있는데 왜 섹시한 속옷을 입으려 하는 걸까?

　속옷은 누굴 위해 입을까? 왜 비싼 속옷을 사 입을까? 그 소그만 천 쪼가리를 왜 10~20만 원씩 주고 살까?

　여성들에게 물어보면 거의 대부분 자기만족이라고 한다. 그 자기 만족

이 무엇일까? 고가의 럭셔리 속옷을 입은 여성은 어떤 만족을 얻는 걸까?

자기만족은 구매욕구중에서 가장 중요한 부분이다. 보석, 패션 등 모든 상품은 다 자기 만족이다. 일반 상품이 총체적 자기만족이라면 속옷은 나만의 자기만족이라고 할 수 있다. 속옷은 사람들 눈에 보이지 않지만 스타일에 영향을 준다. 보이지 않는 곳에서 은밀하게 스타일을 떠 받쳐준다.

자기만족은 사람마다 각자의 만족이 다르겠지만 대체로 표정에도 영향을 준다. 남자들이 정장수트를 입었을 때와 운동복 입었을 때 표정이 다른 것처럼 섹시한 속옷을 입은 날의 여성은 표정 자체가 섹시해진다.

그래서 브라팬티 속옷을 판매할 때는 철저히 '자기만족' 위주로 설득하는 것이 좋다. 자세와 표정이 얼마나 섹시해질 수 있는지를 주제로 설득하는 것이 좋다. 물론 보정속옷은 비포애프터와 작용원리로 충분하지만 브라팬티류는 기능보다는 노출됐을 때 아름다움과 겉옷을 입었을 때 스타일을 좋게 해 주는 내용으로 설득하는 것이 좋다.

4 상품군별 판매기술 명품, 보석

1) 명품의 속성과 판매기술

명품은 보석과 비슷하다. 스타일 업그레이드와 재산가치가 공존한다. 명품과 보석은 비주얼 상품이면서 가치 상품이다. 아름답게 보여 줘야 하는 상품이면서 명품, 진품, 정품임을 믿게 해야 하는 상품이다. 진품과 짝퉁을 일반인이 구별할 방법이 없기 때문에 진품, 정품이라고 믿게 하는 것이 대단히 중요하다. 수입 면장과 정품 일련번호도 조작할 수 있다. 진품이 아니면 열 배 보상해 주겠다고 해도 믿지 않는다.

명품과 유명브랜드는 다르다. ZARA, GAP, H&M은 유명브랜드이지만 명품브랜드는 아니다. HERMES, 루이비통, 구찌 등이 명품브랜드다. 명품은 '명불허전' 한자성어에 딱 어울리는 상품이다. '몇 십 년, 몇 백 년 동안 이어져 내려온 전통과 실력과 명성으로 만든 제품'이 명품이다.

에르메스 백

구찌 백

신규 브랜드이지만 명품 브랜드가 될 수도 있다. 가령, 칼 라거펠트가 자기 이름으로 브랜드를 론칭했다면 그것은 신규 브랜드이지만 명품일 수 있다. 루이비통, 샤넬의 수석디자이너들이 자기 이름으로 제품을 출시한 것이기 때문에 그렇다.

샤넬 디자이너 칼 라거펠트

한국에 900여 개 해외브랜드가 들어와 있다고 한다. 일반인은 대표적인 몇 개 브랜드 외에는 잘 모른다. 어떤 브랜드는 어떻고, 어떤 브랜드는 무슨 특징이 있고 구체적으로 알지 못한다. 에르메스, 샤넬, 구치, 루이비통 등 10여 개 브랜드 외에는 국민들이 잘 모르기 때문에 국민이 잘 모를 브랜드 제품을 판매할 때 가장 중요한 것은 그 제품의 명품성 부각이다.

대부분 일반 국민들은 칼 라거펠트, 톰포드, 마크제이콥스가 세계적인 유명브랜드 수석디자이너 출신이라는 사실을 모르고 있기 때문에 '칼 라거펠트'를 론칭 방송한다면 가장 집중해야 할 내용은 '칼 라거펠트' 소개다. 그가 어떤 명품을 만들었는지, 그의 제품이 얼마나 명품인지 설명하고 설득해야 한다. 아무 근거도 설명도 없이 명품이라고 주장해 본들 잘 받아들여지지 않는다.

한 상품이 명품임을 믿게 하기는 굉장히 어렵다. 수입면장을 제시하는 것과 정품 일련번호 외에 내세울 수 있는 것이 없기 때문이다.

명품을 판매할 가장 하지 말아야 할 내용이 있다. 기능과 스펙 중심으로 하면 좋은 매출을 기대할 수 없다. 명품을 구매하는 이유는 상품 자체가 잘 만든 것이라 사거나, 자신을 과시하려고 사거나 다양하지만 수납공간이나 핸드폰주머니 때문에 사는 것은 아니다. 어떤 가죽을 썼느냐도 중요한 부분이긴 하지만 그 가죽의 품질이 구매를 결정하는 제1요인은 아니다. 명품을 판매할 때는 명품이 주는 유무형의 각종 특혜들을 설명하여 구매를 유도해야 한다. 명품은 오래간다. 십 년을 써도 1년 쓴 것 같은 것이 명품이다. 20만 원짜리 백 10개보다 200만 원짜리 1개가 더 가치 있을 수 있다. 20만 원짜리를 10년 사용하는 것보다 200만 원짜리를 10년 사용하는 것이 더 이득이지 않을까? 오래오래 멋있고 품격 있는 것, 그것이 명품이다. 더욱이 이런 백을 들고 있으면 얼마나 아름다울까, 얼마나 남들의 부러운 시선을 받을까…

명품은 이런 내용으로 소구를 해야 한다. 보석과 명품은 스타일의 완성과 신뢰구축 이 두 가지를 집중적으로 설득해야 된다. 명품을 설명할 때 핸드폰 케이스가 있다는 것을 3분씩 이야기하고 수납공간 넓다는 것을 3분씩 이야기하는 것은 시간을 버리는 것이다. 최소한 그 3분만큼 매출이 안 나오게 돼 있다. 명품을 잘 팔려면 명품의 스토리를 다 알고 있어야 하고, 그 스토리의 연장선에서 한국 스타일과 어떻게 접목할지 연구해야 한다. 명품은 상품의 퀄리티는 기본적으로 뛰어난 것으로 봐야 한다. 한 기업이 몇 백년 이어져 내려온 이상 품질은 좋을 수밖에 없다. 몇 백년을 이어져 온 장인정신이 있기 때문이다. 장인정신이 그대로 전수되어 온 것이라 퀄리티 자체에 하자가 있기 어렵다. 중요한 것은 그 제품 자체 퀄리티는 훌륭하지만 그 상품이 한국 30~40대 여자들에게 얼마나 잘 맞는 스타일인가다. 이떤 브랜드가 명품임을 알고 있는 사람한테 명품을 팔기는 대단히 쉽다. 가격과 정품보증만 이야기하면 된다. 명품과 보석은 그 가치를 이미 알고 있는 소비자들에게 파는 것이면, 가격이 100만 원이라도 판매 조건만 좋으면 5분 안에 팔릴 수 있는 부분이 똑같다.

가전, 컴퓨터, 멀티미디어를 제외한 일반상품은 100만 원대 상품을 5분 안에 팔기 어렵다. 100만 원대 상품이면 최소 20분 정도는 설득을 해야 움직인다. 보석과 명품의 가치를 잘 알고 있는 사람에게는 대형가전처럼 조건만 좋다면 쉽게 구매한다. 대형가전(에어컨)과 다른 것이 있다면, 명품과 보석은 '저게 진품일까?'라는 의심이 있다는 것이다. 이 의심만 해결되면 보석과 명품은 가치를 아는 구매자에게는 에어컨 같은 가격 상품이다. 그래서 보석과 명품은 고가임에도 불구하고 5~10분 안에 주문이 이루어진다.

보석과 명품은 그 브랜드를 모르는 사람한테 팔기는 굉장히 힘들다. 비비안 웨스트우드를 모르는 사람한테 비비안 웨스트우드가 어떤 브랜드인지 설명해서 팔기란 매우 어렵다. 비비안 웨스트우드를 모르는 사람에게 이것이 명품임을 설명하려면 어떻게 해야 할까? 당연히 스토리가 있어야겠고, 애초에 이 사람이 어떻게 시작했는지 어떻게 황실과 연결되었고 황실에서 어떤 것을 제작했는지… 이런 내용을 알고 전달할 수 있어야 그나마 팔릴 수 있다.

2) 보석의 속성과 판매기술

보석은 '진보석'과 '쥬얼리'로 구분한다.

 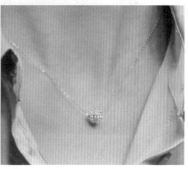

진보석은 5대보석으로 감정서가 필요한 것들을 진보석이라고한다. 흔히 말하는 이미테이션류, 무슨무슨풍, 무슨 무슨 스타일, 이런 것은 감정서가 필요 없다. 이런 액세서리류는 속성이 패션하고 똑같다. 보이는 게 다다. 액세서리는 어떻게 하면 아름답게 보이느냐가 승부인 점이 패션과 똑같다.

보석은 단순히 보이는 것 만으로 설득이 안 된다. 보석은 진품 여부가 중요하다. 보이는 것 외에 진짜라는 믿음이 반드시 필요하다. 워낙 짝퉁들이 많기 때문이다. 다이아몬드의 경우 전문가들도 진짜와 합성석과 큐빅을 육안으로는 구분하지 못한다. 전문가들도 그런 상황인데 일반인들이야 오죽할까?

명품과 보석 방송에서 핵심 키워드는 아름답게 보이는 것과 믿을 수 있게 하는 것 이 두 가지다.

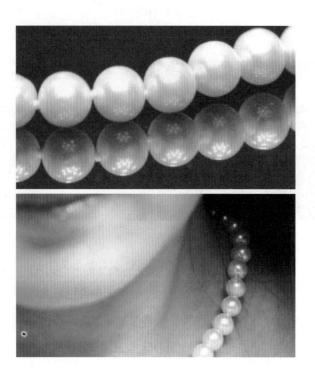

9밀리미터 진주목걸이나 15밀리미터나 화면에서 보이는 모습은 똑같다. 9밀리미터 진주목걸이와 1밀리미터 진주목걸이는 육안으로 보면 차이가 확 난다. 15밀리미터는 있어 보이고 멋있는 반면 9밀리미터는 대단히 좋아 보이지 않는다. 근데 방송에서는 좋게 보인다. 9밀리미터라도 카메라가 목걸이를 화면에 가득 차게 보여 주면 크게 보이고 좋아 보이기 때문이다.

* 보석은 타이트하게 찍으면 화면에 가득 차서 작아 보이지 않는다. 그러나 눈으로 직접 보면 생각보다 너무 작다고 느끼는 사람들이 많아서 반품이 많다.

보석과 명품의 설득의 기술은 이런 것이다. 진보석과 명품은 V 커머스 문법적으로 볼 때 비슷하다. 비주얼 상품이면서 가치 상품이다. 그 자체로 보이는 것이 매출에 지대한 영향을 주는 상품이면서, 신뢰가 굉장히 중요한 상품이다. 보석과 명품은 아름답게 보이는것과 진품이라는 것을 끊임없이 주장하고 그것을 믿을 수 있게 다양한 자료를 제시해야 한다.

상품군별 판매기술 침구

침구는 집안을 꾸미는 상품이다. 남의 눈을 의식하지 않는 자기만족이 강한 상품이다. 침구는 구매자의 자기만족을 만족시켜 줘야 하는 상품이다.

침실의 경우 잠을 자는 공간, 휴식공간이다. 분위기가 있어야 하고, 숙면을 위한 인테리어가 있어야 한다. 그래서 침구를 잘 팔려면 가격이 3만 9천 원이건 6만 9천 원이건 12만 9천 원이건 품위 있게 멋있어 보이게, 섹시해 보이게 디스플레이되어야 한다.

침구는 중요한 것이 두 가지다. 침실 전체적인 분위기가 상품 컨셉트에 맞게 낭만적이고 로맨틱해야 한다. 색감이 안정적인 느낌을 줘서 숙면할 수 있다거나 디자인이 좋아서 숙면을 취할 수 있다고 설명하는 것이 좋다.

침구를 잘 팔고 싶으면 딸랑 침대 위에 침구만 덩그러니 놓으면 안 된다. 라텍스 매트리스, 양모이불 같은 것들은 비주얼 상품이 아니라 가치 상품이다.

양모이불의 경우 보이는 것도 중요하지만 더 중요한 것은 숙면을 위한 보온력, 가벼움 등이다.

침구 상품군은 비주얼 상품과 가치 상품이 섞여 있다. 커튼류는 암막커튼이 아니라면 비주얼이 가장 중요하고 이불류는 비주얼보다 가치가 더 중요하다.

어린 아이용 아토피 침구세트가 있다면 비주얼이 아니라 가치로 설득해야 한다. 아토피 환자용 이불세트라면 그것은 멋있게 보여 주는 것보다는 기능과 효과로 설득하는 것이 좋다.

침실 관련 상품을 잘 파는 방법은 특장점이라고 주장하는 모든 내용이 숙면으로 귀결되도록 설득하는 것이다. 보온력이 좋아서 숙면할 수 있고, 가벼워서 숙면할 수 있고, 색깔이 심리적 안정을 줘서 숙면에 도움을 줄 수 있다… 이런 식으로 침실 관련 상품은 모든 주장이 숙면으로 향해야 한다.

6 상품군별 설득기술 가구

가구는 소파, 침대, 책상, 테이블, 의자, 수납장 등으로 구분한다. 가구는 라이브 커머스에서 판매하기 어려운 상품군 중 하나다. 어려운 이유는 가구는 전문가가 없기 때문이다. 가구는 제작하는 사람이 아닌 한 전문가가 없다. 영업하는 사람, 판매하는 사람 모두 확실한 전문가가 아니다.

소비자 역시 전문가가 없다. 물어볼 사람이 없다. 매장 직원에게 물어볼 수밖에 없다. 성형수술처럼 물어볼 유경험자가 없다.

가공 상품인데도 규격화가 되어 있지 않아서 상품끼리 비교하기도 어렵다. 가구는 패션 의류 보다 고가인데 규격화가 안 되어 있어서 구매 결정하는 데 상당한 고민을 한다. 더욱이 규격화가 안 되어 있어서 커머스 방송만으로 구매 결정하기가 쉽지 않다. 보통 가구를 구입할 때는 매장에 가서 앉아 보고, 누워 보고, 만져 보고, 직접 체험한 다음에 구입한다. 라이브 커머스에서는 크리에이터가 보여 주는 그림과 설명을 듣고 구매 결정을 해야 한다. 그런데 침대, 소파는 고관여 상품이라 그 자리에서 바로 구매하기란 쉽지 않다.

고관여 상품이란 구매자가 구매 결정 과정에서 다양한 고민을 하는 상품군이다. 대체로 가격이 고가일수록 고관여 상품이다. 한번 구입하면 5년 이상 사용하는 상품들도 고관여 상품이다. 가구는 스타일, 기능, 인테리어 등 다양한 각도에서 고민할 수밖에 없다. 그래서 커머스 방송으로 팔기 어려운 상품군 중 하나다.

가구 설득방법은 현관문에 처음 딱 도착해서 첫 번째 보이는 것이 거실이다. 사람들은 집안에 들어가는 그 순간 현관에서 어떤 느낌을 받는다. 이 집은 깨끗하다. 이 집은 굉장히 아기자기하게 예쁘게 꾸며 놓았다.

거실의 수준이 그 집안의 수준이다. 가구는 속성상 일가 친척, 친구처럼 나를 잘 아는 사람들에게 보이는 것이다. 나에게 가장 영향력 있는 사람들에게 보이는 공간이다.

물론 가장 중요한 것은 자기만족이다. 타인이 내 집에 찾아오는 일을 자주 일어나지 않는다. 친척들도 명절이나 제사 등 가족행사 때 아니면 거의 방문하지 않는다. 같은 집에 사는 사람들의 자기만족이다. 거실 인테리어를 계절마다 조금씩 변화를 주는 것도 자기 만족을 극대화하기 위함이다.

가구는 일반 소비자가 스스로 선택할 만큼 전문 지식이 없다. 대형가전 제품처럼 규격화 되어 있지도 않고 각각 독립적으로 존재한다.

가구는 비주얼 상품이며 가치 상품이다. 비주얼과 가치를 동시에 충족시켜야 한다. 아름답게, 웅장하게, 럭셔리하게 보여 주는 것이 비주얼이다. 아름다운 비주얼에 상품이 제공할 가치를 추가하는 것이다.

7 상품군별 설득기술 가전, 컴퓨터, 멀티미디어

가전을 소분류 하면 대형가전, 소형가전, 주방가전, 생활가전 등으로 구분된다.

가전, 컴퓨터, 멀티 미니어는 가격 상품이다. 구매를 결정하는 가장 중요한 요인이 가격이기 때문이다. 가격과 판매 조건(프로모션)만 강조하면 된다. 긴 설명이 필요 없다. 모델명과 그 모델이 현재 최저가라고 하면 된다. 가전방송은 이것이 전부다. 이 상품군은 비주얼 상품이 아니다. 제품 자체만 아름답게 보인다고 사는 게 아니다.

가전 상품군은 에어컨, 냉장고, TV, 세탁기, 김치냉장고…
컴퓨터 상품군은 데스크탑, 노트북, 외장하드, 패드…
멀티 미디어 상품군은 가격과 프로모션이 가장 중요하다.

동일사양 기준으로 구매에 결정적인 영향을 주는 요인이 가격이기 때문이다. 이 상품군들은 대부분 대기업이 만들기 때문에 제품하자 A/S에 대한 신뢰까지 있다.

가전은 최저가를 얻기 위한 상품 기획이 어렵고 방송 판매하기는 어렵지 않다. 백만 원 이상 고가에도 불구하고 조건만 좋으면 5분 안에 주문이 이뤄지는 상품이다. 왜냐하면 소비자가 상품의 사용방법도 알고, 가격대도 대충 알고, 브랜드도 대기업 제품이라 믿음도 있기 때문에 가격만 좋으면 구매가 어렵지 않다.

데스크톱 컴퓨터는 모양이 아름다워서 주문하는 것이 아니라 스펙을 보고 한다. 디자인은 매우 맘에드는 데 가격이 비싸면 주문하지 않는다. 가전과 컴퓨터를 팔 때는 판매 조건, 즉 프로모션을 강조하면 된다. 방송하는 그 순간만큼은 국내 어느 곳보다 판매 조건이 좋다는 것을 설명하면 된다. 물론 디자인에 힘을 준 고급 가전들은 아름답게 보여 줘야 한다. 요즘은 에어컨, 냉장고도 다 멋있게 나온다. 가격 상품이지만 고급 디자인 제품은 멋있게 보여 줘야 한다. 그런데 멋있게 보여 줘도 가격이 안 좋으면 구매하지 않는다.

오늘 이 시간의 판매 조건을 집중적으로 부각하면서 왜 오늘 이렇게 좋은 조건으로 파는 것인지 그 이유가 분명하면 된다. 이 상품군을 잘 팔려면 '오늘 조건이 가장 좋습니다'를 믿게 하는 방송을 해야 한다. 엘지 휘센 몇평짜리인데 시중에서 얼마인데, 가격대가 최저 얼마에서 최대 얼마까지인데, 오늘 이 시간만 무슨 무슨 기념이라 얼마에 팝니다. 이게 전부다. 가전 컴퓨터는 상품 설명이 3분이면 충분하다. 이미용품이나 건강상품의 경우는 상품설명시간이 10~20분 정도는 필요한데 가전컴퓨터는 3~5분이면 충분하다. 가령 7종세트 화장품일 경우 상품 설명을 최소

15~20분은 해야 한다. 왜냐하면 7종이니까, 한 개당 설명시간을 1분씩이면 7분, 2분씩하면 14분, 3분씩하면 21분인데, 한 품목당 1분씩 설명해봐야 설득시간이 부족하다. 신상품 기초화장품을 1분 안에 설명하기는 쉽지 않기 때문이다.

근데 가전은 3분이면 충분하다. 김치냉장고의 경우, 지금은 한국에서는 모든 집에 다 있는 필수품이다. 초기에 김치냉장고를 방송할 때 방송내용이 왜 김치냉장고가 필요한지를 집중 설명했었다. '김치냉장고가 있으면 이런 것이 좋아집니다. 이런 기쁨을 맛볼 수 있습니다' 식으로 김치냉장고의 가치중심으로 설명하고 설득했었다. 김치냉장고를 모르는 사람들에게 필요성을 전달하기 위해서 그랬었다. 김치냉장고 있으면 해마다 번거롭게 김장철에 고생 안해도 된다. 일 년에 4번만 김치를 담그면 일 년 내내 맛있는 김치를 먹을 수 있다. 늘 자기가 원하는 숙성 상태로 먹을 수 있다. 김치냉장고가 세상에 나와서 한 5년 동안은 방송내용이 가치중심이었다. 지금은 김치냉장고가 왜 필요한지를 설명하지 않아도 된다. 필수 가전이 되어 있기 때문이다. 지금 김치냉장고를 판매할 경우에는 기존 김치냉장고의 단점을 얼마나 개선했는지를 설명하는 것으로 충분하다.

에어컨의 경우, 에어컨은 엘지 휘센, 삼성 하우젠, 만도 위니아 그리고 외국브랜드로 캐리어 등이 있다. 일반 구매자가 에어컨을 구매하려고 할 때 휘센과 위니아가 있다면 어떤 브랜드를 선택할까? 대부분 휘센을 선택할 것이다. 에어컨은 가격이 100만 원 이상이고 5년 이상 사용하는 것이라 제품 성능 및 A/S 등 따지는 것이 많기 때문이다. 대형가전은 브랜드가 매우 중요하다. 가전은 가격 상품군이라고 했는데 모든 가전 상품이 가격 상품군은 아니다. LG, 삼성 에어컨은 가격 상품군일 수 있으나 캐리어, 만도에어컨은 가격 상품이 되기에는 브랜드의 힘이 약하다. 가령 휘센이 110만 원인데 캐리어가 100만 원대로 10만 원 차이가 날 경우 일반 구매자는 어떤 것을 구매할까? 10만 원 싼 캐리어를 살까? 10만 원이 더 비싸도 휘센을 사지 않을까? 경험상 그렇다. 캐리어 에어컨을 방송할 때는 가격 상품이 아닌 가치 상품 설득하는 방식으로 해야 한다. 가전은 무조건 가격 소구가 핵심이라고 했는데 이 경우는 가격이 아니라 가치로 소구해야 한다. 캐리어처럼 약한 브랜드는 가치를 채워 줘야 판매가 잘 될 수 있다. 캐리어 에어컨을 방송할 때는 단순히 가격과 프로모션 중심으로 설득하면 대박을 내기 힘들다. '세계 1위 휘센'에는 없는 무엇을 찾아서 그 가치를 설명하고 설득해야 잘 팔릴 수 있다. 예를 들면 '캐리어 에어컨이 에어컨의 효시입니다. 세계에서 가장 오래된 에어컨 브랜드가 캐리어입니다. 에어컨 최초 브랜드이고 전통을 그대로 이어 온 세계적으로 유명한 브랜드입니다' 식으로 휘센에는 없는 캐리어만의 고유한 어떤 가치를 찾아서 부각해야 한다. 에어컨 최초의 회사이고 에어컨을 처음 만든 기술력을 갖고 있는, 그런 회사 그런 이미지 그런 캐리어, 미국과 유럽에서는 상류층이 사용하는 캐리어 에어컨… 이런 식으로 가치를 부여해야 잘 팔릴 수 있다. 휘센은 상품 자체에 대한 가치부여는 필요 없고 오늘 판매 조건만 3~5분 정도 말하면 충분하다. 하지만 캐리어 에어컨은 가치부여를 해야 잘 팔릴 수 있다.

컴퓨터는 가격 대비 성능이 가장 중요하다. 컴퓨터 역시 가격으로 설득하는 영역이다. 어떤 사양 어떤 스펙이 들어가느냐에 따라 제조원가가 변하기 때문에 스펙은 대단히 중요하다.

디카나 DSLR카메라는 가격과 가치가 같이 부각되어야 한다. 이 상품군은 브랜드 충성도가 높다. 브랜드도 많고 모델도 많다. 소비자 눈에는 다 비슷해 보여서 소비자가 뭘 선택해야 할지 잘 모른다. 소비자가 그 많은 모델들을 다 비교검토하기 어렵기 때문이다. 디카류는 가격 대비 성능과 가치가 구매자에게 잘 전달되게 하는 것이 매출에 도움이 된다.

* 가전 판매 시 프로모션 타이틀이 중요한 이유

가전은 지금 왜 이렇게 싸게 파는지 그 이유가 명확할수록 좋다. 오늘 10만 원을 할인할 경우그냥 10만 원 할인이라고 하는 것보다 100주년 특집이라 10만 원 더 싸게 판다고 하는 것이 훨씬 더 잘 팔린다.

오늘 이 시간에만 그 조건으로 판매한다는 믿음이 있어야 지금 구매하기 때문이다. 다만, 10만 원을 왜 할인해서 파는지 그 이유를 분명하게 해야 한다.

8 상품군별 설득기술 생활

생활용품은 정수기, 비데, 공기청정기, 디지털피아노, 온열매트, 행거, 압축팩, 전동칫솔 등 일상 생활에 필요한 상품들이다. 가습기는 소형가전일까 생활가전일까? 안마의자는 건강용품일까, 생활용품일까? 생활 상품군은 상품 영역이 애매하기 때문에 판매 회사마다 구분이 조금씩 다르다.

생활 상품은 비주얼 상품군, 가치 상품군, 가격 상품군 이 모든 특성을 다 가지고 있다.

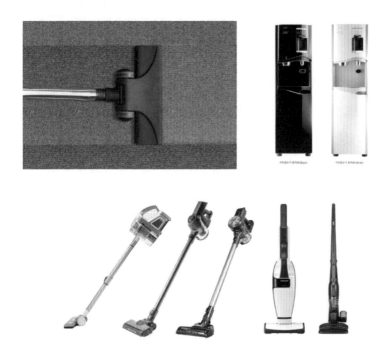

청소기처럼 효능효과를 즉각적으로 보여 줄 수 있는 상품은 비주얼 상품군이다. 정수기는 좋은 물, 건강한 물을 먹기 위한 것이라 가치 상품군이다. 청소기인데 브랜드가 잘 알려져 있고 상품모델이 정해진 유명브랜드 청소기라면 가격 상품군이다. 가격만 저렴하면 구매하기 때문이다.

생활 상품에서 가장 중요한 가치는 '생활의 발견이거나 생활의 진보'다. 생활 상품 중에서 10년 전 모델을 그대로 쓰는 상품은 거의 없다. 생활 상품 중에 명품은 거의 없는데 그 이유가 한 모델이 오래갈 수 없기 때문이다. 모든 상품은 완전무결하지 않기 때문에 항상 단점이 발견된다. 생활 상품군에서는 그 단점을 개선한 신상품들이 끊임없이 출시되기 때문에 10년 이상 동일 모델로 지속되기가 어렵다.

생활 상품 대부분은 생활이 나아지게 하는 것인데 요즘은 단순히 나아지는 것으로는 부족하고 웰빙까지 포함되어야 더 잘 팔린다. 정수기는 지금은 없는 집이 없고, 없는 식당이 없다. 수돗물이 가장 깨끗하다고 하는데도 정수기가 없으면 안 되는 세상이 되었다. 세탁기, 냉장고, 에어컨처럼 정수기와 비데도 집안의 생활필수품이 되었다.

생활 상품 설득기술은 생활이 편리해지는 것을 보여 주고 그 상품이 가져다 줄 가치들을 설명하면 된다.

'생활이 편리해진다' 이것이 생활 상품을 전체적으로 아우르는 핵심이다. 그렇지만 상품마다 속성이 확연하게 다르기 때문에 설득방법은 달라져야 한다.

생활 상품의 공통점은 대부분 한번 쓴 후로는 계속 써야 한다는 것이다. 비데도 한번 쓰기 시작하면, 그 뒤로는 비데를 안 쓸 수가 없다. 정수기도 마찬가지다. 25년 전 정수기가 처음 나왔을 때는 설득을 다음처럼 했었다. 수돗물을 안 좋다고 말할 수 없으니까 수돗물은 안전하다고 전제하고 그러나 아파트 옥상 물탱크에서 배관 타고 각 가정으로 오는 그 과정에서 녹슨 관을 통해 오염 물질이 그대로 전달된다는 내용과 물탱크가 얼마나 지저분하고 더러운지를 설명한 다음 정수력을 보여 줬었다. 정수기가 왜 필요한지를 설득하기 위해서 그렇게 했었다. 그런데 요즘은 그렇게 하지 않는다. 요즘 정수기 방송할 때 물의 중요성, 정수기의 필요성 강조하지 않는다. 먹물 테스트해서 걸러진 물을 직접 시음하지도 않는다.

요즘은 기존 정수기들보다 무엇이 더 좋은지를 집중 강조한다. 기존 정수기들에서 불편했던 점을 개선했다는 내용에 집중한다. 기존 필터보다 무엇이 개선되었는지, 기존 필터 교체 및 청결관리 등 무엇이 더 좋아졌는지 등을 보여 주며 설득한다. 물이 고여 있으면 부패할 수 있기 때문에 물이 고여 있지 않는 직수형 정수기로 정수방식의 변화를 주기도 한다. 직수형 정수기 역시 정수기가 왜 필요한지, 정수력이 얼마나 뛰어난지를 강력하게 설득하지 않는다. 정수기의 필요성을 굳이 말하지 않아도 이미 모든 사람이 다 알고 있기 때문이다.

비데도 마찬가지다. 비데가 처음 나왔을 때 비데라는 이름이 너무 생소해서 무슨 상품인지도 몰랐었다. 그래서 비데가 항문 세정기구라는 것을 일러 주고 비데가 있으면 뭐가 어떻게 좋아지는지를 설명하고 설득해야 했었다. 항문을 휴지로 닦지 말고 물로 닦아 내는 모습, 그것이 청결과 항문 건강에 얼마나 좋은지를 설득하기 위해 항문 세정과정을 보여 줘야 했는데 실물로 보여 줄 수가 없기 때문에 풍선을 항문처럼 만들어서 겨자를 바른 후 휴지로 여러 번 닦아 내도 풍선 주름 사이에 낀 겨자가 남아 있는데 그 남아 있는 부분을 비데로 닦아 내는 식으로 시연을 했었다.

요즘은 비데를 모르는 사람이 없다. 요즘 비데를 방송한다면 어떻게 해야 할까? 뭘 보여 주고 뭘 강조해야 할까? 여전히 '풍선항문'에 묻은 겨자를 닦아내는 능력을 보여 줘야 할까? 비데의 필요성은 거의 모든 사람들이 다 알고 있기 때문에 풍선에 겨자 묻혀서 세정력 보여 주는 쇼는 이제 할 필요가 없다. 해서 나쁠 것은 없지만 시간낭비다. 비데를 잘

팔려면 기존의 비데보다 이 비데가 얼마나 더 좋아졌는지를 부각해야
한다.

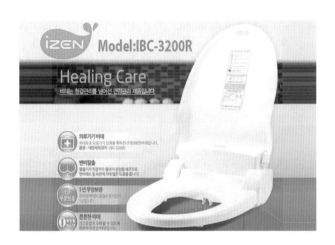

위 제품도 항문세정의 필요성보다 건강케어 쪽에 집중한 듯하다. 실
제로 주장대로 될지는 모르지만 생활제품을 팔려면 반드시 기존 제품보
다 더 개선된 점이 무엇인지로 설득해야 좋은 매출을 할 수 있다.

생활 상품군은 생활의 업그레이드 보여 주기다. 그 상품으로 인해 생
활이 얼마나 더 편해지는지, 얼마나 더 좋아지는지를 보여 주면 된다.

 상품군별 판매기술 교육아동

아동상품은 상품의 속성이 일반 상품들과 매우 다르다. 구매 결정이

실 소비자의 의견과 관계가 없다. 엄마가 구매한다는 말이다. 기저귀 실소비자는 아이인데 엄마가 산다. 엄마가 산다는 의미를 잘 이해해야 아동상품을 잘 팔 수 있다. 아동 상품군은 가치 상품군인데 기저귀만큼은 가치 상품이 아니라 가격 상품이다. 기저귀는 가격만 좋으면 구매한다. 아동상품은 선물처럼 자기가 쓸 것이 아니라 아이가 쓸 것을 사주는 것인데 아이 입장을 전혀 생각하지 않는다. 철저하게 엄마 판단으로 구매를 결정한다.

아동 & 교육상품을 팔 때 가장 중요한 포인트는 엄마를 설득하는 것이다. 엄마 판단으로 저 상품이면 우리 아이의 EQ지수가 올라가겠다. 우리 아이의 지능이 좋아지겠다. 우리 아이 성장에 도움이 되겠다. 우리 아이 건강에 도움이 되겠다고 엄마가 믿는 것이 중요하다. 엄마들은 아이들이 사달라고 하는 것은 안 사주고 교육적으로 도움이 될 것이라 믿는 상품을 주문한다.

아동상품군의 가치는 아이의 발전에 집중해야 한다. 대부분의 엄마는 자기 자식이 똑똑하다고 생각을 한다. 그 똑똑함을 완성시켜 주고 도와줄 수 있는 방향으로 설득을 해야 한다. 아동 상품은 가격보다 가치가 더 중요하다. '내 아이가 저 상품을 사용하면 많이 발전하겠구나'라는 가치로 믿음을 주는 방송을 해야 좋은 매출을 기대할 수 있다.

10 상품군별 판매기술 식품

식품은 일반식품과 건강식품으로 나눈다. 여기서 말하는 식품은 일반 식품이다. 건강식품은 건강 목적으로 먹는 것이라 건강상품군에 속한다.

식품을 팔 때 뭘 보여 주면 잘 팔릴까? 제주 고등어를 팔 때 뭘 보여 주고 뭐라고 설명하면 잘 팔릴까? 제주도 앞 바다에서 잡았다는 사실을 보여 주면 팔릴까? 고등어의 크기, 두께, 중량 등을 보여 주면 팔릴까?

식품을 팔 때 가장 중요한 판매기술은 그 식품이 맛있게 보이게 하는 것이다. 다른 말로 시청자 입에 침이 고이게 만들면 된다. 침이 나오게 하는 방법은 두 가지가 있다.

첫째, 요리되는 과정을 클로즈업해서 보여 주는 것이다. 갈비가 구워지는 모습이 타이트하게 보이면서 소리가 지글지글 날 때 침이 고인다.

둘째, 음식을 맛있게 먹는 모습이 먹고
싶게 만든다. 먹는다는 행위는 본능영역
이다. 본능영역이라 인간은 누가 먹는 모
습을 보면 먹고 싶어진다. 떡볶이를 먹을
생각이 전혀 없었는데 누가 떡볶이를 맛
있게 먹는 모습을 보면 떡볶이가 먹고 싶어 진다. 본능이라 그렇다. 식
품을 잘 팔려면 맛있게 먹어야 한다.

라이브 커머스는 시청각 매체라 소비자는 보고 들은 정보로 구매 결
정을 해야 한다. 음식인데 시청자는 맛을 보지 못하고 보고 들은 내용으
로 구매 결정을 해야 한다. 그래서 크리에이터는 맛있게 먹으면서 식품
의 맛을 시청자가 느낄 수 있도록 전달해 주어야 좋은 매출을 일으킬 수
있다.

맛을 표현할 때는 반드시 자기만 아는 맛 표현이 아니라 일반인이 다 아는 맛으로 표현해야 좋은 매출을 기대할 수 있다. 자기만 아는 맛으로 설명하면 좋은 매출을 기대하기 힘들다. 가령, 갈비를 파는데 크리에이터가 그 갈비 맛이 브라질 어느 원시부족이 구워 준 고기 맛과 비슷합니다. 이런 식으로 표현하면 판매에 도움이 안 된다. 고객이 그 맛을 모르기 때문이다. 그래서 맛 표현은 고객이 알 수 있거나 상상할 수 있는 표현으로 그 식품의 맛을 전달해야 한다.

먹방을 할 경우, 방송 전 5시간 정도는 먹지 않고 방송을 하는 것이 좋다. 크리에이터가 배가 고파야 음식을 맛있게 먹을 수 있기 때문이다.

식품은 침이 고이게 맛있게 방송하면 된다. 매출에 가장 결정적인 영향을 주는 것은 맛이다. 맛있게 보여 주기, 맛있게 느끼게 해 주기를 통해서 맛있겠다는 믿음을 줘야 한다. 이것이 식품 방송에서 가장 중요한 요인이다.

*** 약과 식품의 차이 ***

식품은 약이 아니다.
약효로 비교하면 어떤 식품도 약을 이길 수가 없다.

약은 처방전이 필요하다. 식품은 처방전이 필요 없다.

약은 아무나 먹으면 문제가 생긴다.

식품은 아무나 먹어도 문제가 생기지 않는다.

알려져 있는 사람을 제외하면 아무나 먹을 수 있다.

약은 사고 난 부위를 정상으로 되돌려놓기 위한 것이고

식품은 정상부위를 더 좋게 하기 위한 것이다.

약은 복용기간이 3일이고 식품은 3개월 정도 먹어야 효과를 본다.

약은 단기간에 약효를 자각하지만

식품은 3개월이 지나도 효과를 명확하게 자각하기 힘들다.

약은 3일 내에 정상복원 시킬 만큼 강한 성분이라 3개월 이상 먹는다면 건강에 이상이 생길 수도 있다.

식품은 3개월 이상 섭취해야 효과를 볼 수 있다.

식품의 효능, 효과를 말할 때 약과 비교하면 안 된다. 목적 자체가 다

르기 때문이다. 약은 치료목적이고 식품은 보강목적이기 때문이다. 크리에이터는 식품의 효능을 설명할 때 치료목적의 약이 아니라 몸을 지금보다 더 건강하게 하기 위한 것으로 설명해야 한다.

약은 치료목적이고 식품은 더 건강하게 하는 목적이다

*** 일반식품과 건강식품의 차이 ***

현미는 일반식품인가 건강식품인가.
서리태와 렌틸콩은 일반식인가 건강식인가.
마늘은 일반식이고 흑마늘은 건강식인가.

일반식품 사과

건강식품 하치조아시다바

일반식이냐 건강식에 따라 판매 전략이 전혀 달라진다

일반식은 맛을 보여 줘야 한다.

건강식은 효능효과에 대한 믿음을 보여 줘야 한다.

맛으로 먹지 않는 모든 식품은 건강식품이다.

요리 메뉴가 아닌 모든 식품은 건강식품이다.

맛으로 먹는 식품은 맛이 없으면 아무리 몸에 좋다 해도 구매하지 않는다. 가령, 아로니아 분말을 라면에 넣어 끓여먹으면 맛은 좀 그렇지만 건강에는 최고 좋다고 했을 때 누가 맛없는 아로니아라면을 선택하겠는가? 그냥 아로니아 분말을 먹는 것이 훨씬 맛도 영양도 좋을 텐데.

의성 마늘 소시지류의 믹스소시지도 본연의 맛이 살아 있는 선에서만 성공할 수 있다. 마늘 치킨은 마늘을 먹기 위해 시키는 것이 아니라 치킨의 다양한 맛을 위해 시키는 것이다. 만약 소시지 30%에 마늘 70%로 된 마늘소시지라면 성공할 수 있을까? 이건 소시지가 아니라 '소시지 마늘바'처럼 장르가 바뀌는 것이다.

맛으로 먹는 식품에 건강을 추가할 때는 그 추가항목이 맛을 더 좋게 하거나 마늘 통닭처럼 별미를 주거나 할 때 성공할 수 있다.

건강식품은 맛이 아니라 효능 효과에 대한 믿음을 줘야 한다. 아로니아를 예로 들면 아로니아의 효능효과는 무엇인가? 그 효능효과를 어떻게 보여 주면 믿을까? 실시간 비포애프터가 나오면 최상이지만 건강식품은 시간상 불가능하기 때문에 내 주장을 시청자가 믿어야 구매가 이루어진다.

- 객관적 자료 보여 주기
- 국립농업과학원 성분표 보여 주기
- 유경험자 후기 보여 주기
- 전문가 의견 보여 주기

위 내용을 보여 줄 때 화면에 보이는 내용은 무엇이어야 할까? 직접 연관된 그림이 있다면 그 그림을 보여 주면 되고 관련 그림이 없다면 애프터를 보여 주거나, 애프터가 연상되는 행복한 모습을 보여 주거나 비포의 고통을 보여 주거나 한다.

슈퍼푸드란 일반식품과 건강식품의 속성을 다 가지고 있는 식품이다.

김치도 슈퍼푸드다. 발효식품은 대부분 슈퍼푸드다. 슈퍼푸드 역시 맛이 좋다는 전체, 별미라는 전제가 있어야 한다. 일반 라이브는 시작부터 완성까지 과정이 재미있거나 퍼포먼스 혹은 방송 쇼가 볼거리가 있거나 둘 중 하나다.

라이브 커머스는 과정보다 완성이 아름답게 보여 주는 것이 중요하다. 상품에 의한 비포애프터가 중요하다. 즉 애프터된 내모습을 상상하고 동의해야 구매가 잘 이루어질 수 있다.

슈퍼푸드는 맛과 효능을 같이 보여 줘야 한다. 슈퍼푸드는 효능의 재발견이기 때문에 맛있게 먹으면서 효능효과를 추가로 보여 주는 방식으로 진행해야 한다.

상품군별 판매기술 주방

주방 상품군은 비주얼 상품도 있고 가격 상품도 있고 가치 상품도 있다.

밥솥, 믹서기 같은 가전제품도 있고 접시, 그릇 같은 스타일을 추구하는 제품도 있고 밀폐용기, 세제 같은 생활제품도 있다. 주방싱품을 사용 목적으로 구분하면 요리기구, 음식 담는 용기, 식후 세정 및 처리, 보관 용기 정도로 나눌 수 있다.

- 요리를 하기 위한 기구로 밥솥, 프라이팬, 칼 등이 있고
- 요리한 음식을 담아 내는 밥그릇, 접시 등의 그릇류가 있고
- 먹은 음식물을 처리한 세제, 음식물처리기 등이 있고
- 남은 음식을 보관하는 냉장고 보관용 용기류

이렇게 4가지 용도로 구분할 수 있다.

주방용품은 주방이라는 공간으로 상품군을 구분한 것이기 때문에 기능성부터 스타일까지 다양한 속성이 존재한다. 그래서 주방상품군은 그 속성별로 설득의 방법이 달라야 한다.

1) 비주얼 속성군

각종 그릇류들이 비주얼 상품군에 속한다. 분청사기 그릇 광주요 제품이나 영국 포트메리온 같은 고가의 그릇들은 기능보다는 스타일에 관련된 상품들이다.

광주요

영국 포트메리온

이런 상품들을 잘 팔기 위해서는 아름다움으로 설득해야 한다. 식탁에 아름답게 세팅되어 있는 모습들로 설득해야 한다.

명품 그릇들이 비싼 이유는 아름다움이지 기능에 있지 않다. 포트메리온 접시에 김치를 담아서 먹는다고 해서 김치가 더 맛있어지지 않는다. 광주요 밥그릇에 밥을 담아 먹는다고 해서 밥이 더 맛있어지지 않는다.

그릇류를 잘 팔기 위해서는 명품이 아니라도 아름답게 보여 주는 노력이 필요히다.

2) 가치 속성군

양면 팬이 처음 나왔을 때 양면 팬은 가치 상품이다. 여기서 양면 팬의 가치는 요리를 더 맛있게 해 주는 것이다. 이처럼 넘치지 않고, 눌러붙지 않고, 냄새 잡아 주는 조리도구, 식기세정력 탁월한데 피부에 무해한 세정제, 음식물을 한 달 이상 싱싱하게 보관해 주는 보관용기, 던져도 깨지지 않는 접시… 이런 상품군들이 가치 상품군이다.

가치 상품군을 잘 팔기 위해서는 그 상품이 주장하는 내용을 보여 줘야 한다. 그중에서 가치를 명백하게 보여 줄 수 있는 상품과 보여 주기 어려운 상품이 있다. 눌어붙지 않는 프라이팬은 확실하게 보여 줄 수 있지만 냄새를 잡아 주는 것은 보여 줄 수가 없다. 탁월한 세정력은 보여 줄 수 있지만 피부에 무해한지는 보여 주기 어렵다.

V 커머스에서는 가치를 보여 주기 어려운 신상품은 단기간에 팔리기 어렵다. 가치를 보여 주기 힘든 상품은 그 가치를 시청자가 믿을 수 있게 하는 무엇들을 준비해서 해야 한다. 확실하게 가치를 보여 줄 수 있는 상품은 신규브랜드라도 잘 팔릴 수 있다.

3) 가격 속성군

주방 가전류는 가격 상품과 가치 상품이 혼재한다.

쿠쿠 밥솥같은 유명브랜드 주방가전은 가격 상품군에 속한다. 가격만 싸면 팔린다. 신규 브랜드 압력밥솥은 가치 상품군이다. 아무리 싸게 줘도 잘 팔리지 않는다. 쿠쿠처럼 국민브랜드가 되어 있는 전기압력밥솥은 휘센 에어컨처럼 가격 상품군에 속한다. 왜냐면 브랜드가 다 되어 있고 가격도 다 형성되어 있기 때문이다. 하지만 새로운 브랜드 압력밥솥은 가치 상품군이다. 밥맛이 검증이 안 됐기 때문이다. 크리에이터는 어떤 압력밥솥을 판매할 때 브랜드 인지도가 어느 정도인지 따져 보고 밥맛에 대한 신뢰구축이 안 되어 있다고 판단되면 설득방향을 밥맛에 집중해야 한다. 모든 가정에 밥솥은 이미 존재한다. 그래서 밥솥 타깃은 새살림을 차리는 사람과 기존 쓰던 밥솥을 바꾸려고 하는 사람들이다.

밥솥은 밥맛이 가장 중요하다. 궁극적으로 밥솥은 밥맛이다. 그렇기 때문에 신규나 후발주자는 기존 밥솥보다 자기 밥솥 밥맛이 훨씬 좋아졌다는 주장과 입증을 할 수 있어야 한다. IH 방식이라 밥이 더 맛있다고 하든, 내솥 두께가 두꺼워서 가마솥 밥맛이라고 하든 온도 조절이나 뜸들이는 시간 조절로 밥맛이 환상적이라고 하거나 기존 밥솥보다 밥이 얼마나 더 맛있어졌는지를 집중적으로 설명해야 한다. 밥맛에 대한 강력한 믿음을 제시하지 못하면 가격이 싸더라도 잘 팔리지 않는다. 그래서 후발주자는 철저하게 밥맛을 공략해야 한다.

주방명품 상품군은 설득방법이 달라야 한다. 휘슬러는 압력밥솥 명품으로 구분된다. 같은 압력밥솥인데 쿠쿠는 전기제품이고 휘슬러는 가마솥처럼 직접 불로 짓는 압력밥솥이다.

휘슬러 판매를 하기 위해 어떤 설득 전략을 짜야 할까? 휘슬러는 명품 브랜드와 밥맛이 같이 설명되어야 한다. 명품인 이유가 휘슬러 용기의 생김새가 아니라 '밥맛을 탁월하게 해 주기 때문에 명품'으로 가야 한다.

'명품 브랜드가 주방을 고급스럽게 꾸며 준다'는 설득은 보너스다.

'휘슬러'라는 브랜드를 알고 있는 사람이면 가격과 판매 조건만으로도 판매가 가능하다. 그냥 판매 조건만 이야기해도 구매로 이어질 수 있다. 휘슬러가 뭔지 들어는 봤거나 잘 모르거나 사람이라면 휘슬러가 밥맛이 얼마나 좋은지를 설명해야 하고 얼마나 명품인지를 보여 주는 방송을 해야 한다.

믹서기, 녹즙기, 주스기와 같은 상품군들은 그 기구가 사람이 주방에서 하는 힘든 일을 그 상품이 해결해 주는 모습을 구체적으로 보여 주는 방송을 하는 것이 좋다. 이런 상품들이 커머스 상품으로 적합하다. 상품이 사용되는 모습 자체가 상품의 가치를 보여 주는 것이기 때문이다. 실제로 갈아 주고 주스 만들어 주고, 녹즙 짜내 주는 이런 상품군은 보여 줄 것들이 많기 때문이다.

12 상품군별 판매기술 운동

운동 제품은 비주얼 상품군과 가치 상품군에 동시에 속한다.

운동기구를 팔 때 뭘 보여 줘야 할까? 운동하는 모습을 어떻게 보여 줘야 할까? 운동 상품군은 운동하는 모습에서 상품의 가치에 어떻게 느껴지게 하느냐가 가장 중요하다. 운동 기구가 궁극적으로 추구하는 것은 건강과 멋진 몸매 만들기다. 멋진 몸매를 만들기 위해서 운동을 하더라도 결국엔 건강한 몸을 위해 하는 것이라 직업선수 외에는 대부분 건강을 위해서 운동을 한다. 운동 기구는 그 가치 즉, 운동효과를 눈으로 보여 줄 수 있는 상품군에 속한다. 운동 기구를 잘 팔기 위해서 가장 필요한 것은 운동 기구가 주는 운동 효과를 보여 주는 것이다. 살 떨림, 근육의 움직임 등을 보여 주는 것이다.

그래서 운동기구 방송은 어렵지 않다. 운동하는 모습에서 효과를 보여 줄 수 가 있기 때문이다. 달리는 사람의 근육을 보면서, 땀 흘리는 모습을 보면서, 그 효과를 느낄 수 있기 때문이다.

운동기구 방송은 운동하는 모습을 통해서 건강해질 것 같다는 믿음이 생기게 하면 된다. 뱃살이 떨리는 것을 보면서 내 뱃살도 저걸로 빠지겠구나. 내 종아리 살도 빠지겠구나, 내 팔뚝 살도 저렇게 흔들어 대니까 빠지겠구나. 1분에 몇 천 번 흔들어 댄다니까 빠지겠구나, 그냥 가만히

서 있어도 기구가 알아서 다 해 주는 구나, 그냥 가만히 있어도 살이 빠지겠구나. 이런 믿음이 들도록 살 떨림을 보여 주면 된다. 운동 기구를 통해서 얻어 낼 수 있는 효과를 극단적으로 보여 주면 된다. 부위별로 살 떨림을 보여 주면 된다.

운동기구 설득의 기술 두 가지는 보여지기와 가치부여다. 가치부여의 가장 중요한 것은 새로움이다. 기존 운동 기구로는 할 수 없었던 어떤 새로움이 전달되어야 잘 팔린다. 이 기구로 하면 좋아질 내용으로 설득하는 하는 것이 가장 중요하다. 운동 기구를 잘 파는 방법은 철저하게 새로운 것을 보여 주고 느끼게 해 줘야 한다. 기존 운동기구와 확실하게 달라진 무언가를 보여 줘야 매출에 도움이 된다. 운동 기구의 속성은 다이어트 상품과 비슷한데 좀 다른 것은 다이어트 상품은 생방송 중에 그 효과를 보여 줄 것이없는 반면 운동기구는 그 효과를 리얼하게 보여 줄 수 있다.

운동기구는 한번도 몸 관리를 위해서 운동기구를 사용해 보지 않은 사람과 여타의 운동기구로 몸 관리를 시도했다가 실패한 사람을 대상으로 파는 것이다. 처음 시작하는 사람에겐 그 운동기구의 작동되는 모습과 기존 운동기구의 단점이 어떻게 개선되었는지를 보여 주면서 설명하면 된다. 실패한 사람에게 팔려면 다시 실패하지 않을 것 같은 그런 기대를 줘야 한다. 이런 이유로 운동기구는 새로움, 개선점이 절대적으로 필요하다. 운동기구 판매할 때 가장 중요한 것은 새로운 장치나 기능에 의한 강력한 효과를 보여 주는 것이다. 새롭지 않은 방식, 기존기구와 비슷한 방식의 운동기구는 처음 시도하는 사람에겐 팔릴 수 있지만 여러 번 실패한 사람에게 팔기는 쉽지 않을 것이다.

그리고 또 중요한 것은 운동하는 모습이다. 크리에이터나 모델이 운동할 때는 무조건 쉽고 재미있게 해야 된다. 저렇게 쉽게, 즐겁게, 재미있게 하고도 살이 빠진다고? 이런 생각이 들게 해야 한다. 수많은 실패의 경험이 있기 때문에 어려워 보이면 쉽게 주문하지 않을 것이다. 운동하는 모습 자체가 오락처럼 재미있어 보여야 한다. 그래야 '지금 바로 사서 나도 저렇게 재미있게 관리하자'는 마음이 들 테니까.

상품군별 설득기술 건강

건강상품은 크게 건강용품과 건강식품이 있다.

천년초와 매일 가시 박히는 남자 김재호님

건강상품은 철저하게 가치중심적인 상품이다. 가격이 중요하지 않은 상품군이다. 왜냐하면, 건강상품군은 '효능, 효과에 대한 믿음'이 선행해야 구매로 이어지기 때문이다.

건강식품에서 가격은 나중 문제다. 효능효과에 대한 믿음이 선행되어야 한다. 효과가 있겠다는 믿음이 선행하지 않는다면 아무리 싸게 판다 해도 주문하지 않는다. 단, 정관장처럼 건강식품인데 이미 브랜드가 되어 있는 상품은 가격이 중요하다.

안 알려진 건강상품은 라이브 커머스로 판매하기에는 참 어려운 상품이다.

왜냐하면 효능효과를 보여 줄 수 없기 때문이다. 상품의 효과를 생방송으로 보여 줄 수가 없기 때문이다. 약도 아닌 건강식품이 생방송 중에 그 효과가 나타나기 어렵기 때문이다.

　건강상품은 무조건 많이 줘서 잘 팔리지 않고 무조건 싸다고 잘 팔리지도 않는다. 판매가 잘되게 하려면 그 상품의 가치를 보여 주고 그 가치를 설득해서 시청자기 믿게 해야 힌다. '상품의 가치 보여 주기'를 통해 시청자가 가치를 느낄 수 있게 해 줘야 한다. 건강상품은 가치를 보여 줘야 한다. 그 가치를 보여 주는 것이 뭘까? 그 상품이 가지고 있는 가장 강력한 장점을 보여 주는 것이다. 따라서 건강상품을 잘 팔려면 그 상품이 내세울 수 있는 것이 무엇인지를 찾아서 그걸 보여 줘야 한다. 건강상품은 생긴 모습이 중요하지 않다. 제품 박스나 파우치가 예뻐서 건강상품을 구매하지 않는다. 내용은 별로인데 박스만 휘황찬란하게 해 본들 시청자들이 움직이지 않는다. 혹 그 순간 현혹되어서 주문했다 해도 반품이 준비되어 있다. 건강상품은 철저하게 가치 보여 주기에 집중해야 한다.

14 상품군별 설득기술 다이어트

다이어트 식품도 건강식품과 속성이 똑같다. 다이어트 상품군 역시 철저하게 가격보다도 가치가 중요한 상품이다.

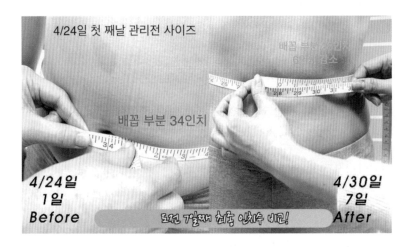

다이어트 상품의 가치란 무엇일까? '살 빠지겠구나'라는 믿음이다. '별다른 노력 없이 빠질 수 있는 제품' 이런 믿음이 가치다. 다이어트상품이 대박나려면 노력 없이 살이 빠지거나, 노력 없이 현상 유지가 되거나 하면 대박날 가능성이 높다.

다이어트는 실패한 경험이 있는 사람들이 대부분이다. 이 부분이 건강상품과는 조금 다르다. 건강상품은 목표가 없기 때문에 실패라고 생각하지 않는다. 내가 헬스를 끊었다가 바빠서 못 가더라도 실패했다고 생각하지 않는다. 하지만 다이어트는 목표를 세우고 시작하는 것이라

목적 달성이 안 되면 실패다. 다이어트 고객은 대부분은 다이어트에 실패한 사람이다. 이미 여러 번 실패한 사람이거나 아직 시작하지 않고 있는 그런 사람들이 타깃이다. 현재 한국에 1,000여 가지 다이어트 방법이 있다. 여러 가지 방법으로 다이어트를 시도해 봤지만 번번히 실패했다. 여러 번의 실패 경험이 있는 사람들을 대상으로 다이어트상품을 팔아야 한다. 건강상품과 다이어트상품은 이런 면에서 다르다.

건강상품과 다이어트상품은 유행을 탄다. 건강식품, 건강용품, 다이어트상품 모두 다 트렌드가 있고 흐름을 탄다. 특히 다이어트는 유행에 민감하다. 다이어트는 인간의 기본적인 식욕을 참아 내야 하는 것이라 성공하기가 보다 실패가 더 많은데 어떤 다이어트 상품을 해 보고 실패하고 몇 달 지나서 또 다른 상품으로 시작해 보고, 또 실패하고… 이렇게 반복되기 때문에 유행에 민감하다. 민감하게 유행을 타기 때문에 다이어트 상품 상품 기획자는 완전하게 새로운 상품을 기획해야 성공할 수 있다. 건강, 다이어트 상품이 유행상품이라고 하는 이유는 대부분의 인간은 의지부족 때문에 실패와 새로운 시작을 끊임없이 반복하기 때문이다.

다이어트를 다시 시작할 때 어떤 상품을 선택할까? 한 번 해 봤던 상품은 절대 안할 것이다. 대부분 주변에서 효과 좋다고 하는 상품이거나, 요즘 핫트렌드 상품을 선택한다. 다이어트상품은 아직까지 저 상품은 안 먹어 본 사람에게 판매하는 것이다.

15 상품군별 판매기술 이미용

기초화장품, 색조화장품, 피부관리기구, 헤어기구, 뷰티 상품군은 기본적으로 가치 상품군이면서 비주얼속성과 가격속성이 공존하는 상품군이다.

기초화장품은 가치 상품이다. 어떤 기초화장품 세트가 있는데 용기가 예뻐서 구매하지는 않는다.

유명브랜드 기초화장품은 가격 상품이다. 사람들에게 잘 알려진 제품

들은 가격만 좋으면 잘 팔리기 때문에 가격 상품군이다.

색조화장품이나 헤어스타일 관련 상품은 비주얼 상품군이다. 상품의 가치가 실시간으로 보이기 때문이다. 비포애프터를 확실하게 보여 줄 수 있기 때문이다.

뷰티 상품군은 가치를 부각해야 하는 상품과 가격과 프로모션을 부각해야 하는 상품이 섞여 있다. 뷰티상품은 기본적으로 가치 상품이지만 가격 상품인 것들이 있다. 유명브랜드 화장품, 롱런 스테디셀러 화장품 등은 가격만 좋으면 팔린다.

이런 유명브랜드를 제외한 대부분의 뷰티 상품은 가치 상품이다. 가치 상품은 그 상품의 가치가 전달되지 않으면 가격이 아무리 좋아도 잘 판매되지 않는다. 라이브 커머스에서 가장 어려운 상품군이 뷰티와 건강이다. 특히 기초화장품이 제일 어렵다. 상품의 가치를 보여 주기가 힘들기 때문이다. 기초화장품에서는 보여 줄 것이 제품 용기와 기능성인 증, 성분, 함량… 이런 자료들 외에 효과를 직접적으로 생방송 중에 보여 주기가 매우 어렵기 때문이다.

색조화장품은 비포애프터를 실시간으로 보여 줄 수 있어서 색조가 기초화장품보다 비교적 쉽지만 기초화장품은 그 제품용기를 아름답게 비춰 준다고 해서 효능, 효과가 전달될 수가 없기 때문에 그 자리에서 바로 구매로 이어지기 매우 어렵다. 기초화장품을 V 커머스로 잘 팔기 위해서는 그 상품에 대한 믿음, 피부가 좋아질 것이라는 믿음을 줘야 한다.

어떤 제품이든 아무 콘셉트 없이 만들어진 제품은 하나도 없다. 그 콘셉트로 피부가 좋아질 것이라는 믿음을 주기 위해서 어떻게 해야 할까? 그 상품에 대한 차별화를 찾아 내서 강력하게 부각시켜야 한다. 그 콘셉트와 소구점으로 당신도 이렇게 예뻐질 수 있다. 당신의 피부도 이렇게 좋아질 수 있다. 이렇게 주장하고 믿음이 가도록 설득해야 한다. 각종 임상테스트 자료, 판매수량, 고객후기 등 신뢰에 도움이 될만한 모든 내용들로 믿음을 줘야 한다.

색조화장품이나 미용기구들은 비포애프터를 실시간으로 보여 줄 수 있는 상품군이다. 즉각적인 비포애프터가 보이는 상품군은 기초화장품보다 방송하기도 쉽고 판매하기도 쉽다.

비브랜드나 신규브랜드 기초화장품은 방송 초기부터 대박 매출하기 어렵다. 비포애프터를 실시간으로 보여 줄 수 있는 색조화장품이나 미용기구는 비브랜드나 신규브랜드라도 애프터만 강력하게 보여 줄 수 있다면 첫 방송부터 대박 매출을 할 수 있다. 애프터 자체가 그 상품의 가치이기 때문이고 그 가치를 실시간으로 확인했기 때문이다. 비주얼 속성의 뷰티상품을 잘 팔려면 실시간 비포애프터를 어떻게 보여 주느냐에 집중해야 한다. 비브랜드거나 신규 브랜드라면 더욱 비포애프터를 다양하게 보여 주는 방송을 해야 한다. 다양한 모델들, 다양한 피부형태들…
실시간으로 얼마나 아름답게 애프터가 완성되는지 보여 주는 방송을 해
야 성공할 수 있다.

상품군별 판매기술 여행

여행은 배송되지 않는 상품이다. 무형 상품이지만 유형 상품이기도
하다. 비행기, 숙소, 여행코스, 식사 등 무형이지만 유형 상품이다.

여행은 비주얼 상품 속성과 가치 상품 속성이 섞여 있다. 상품 속성으
로 따지면 가치 상품군이 맞다. 속성은 무형 상품이고 보이는 것이 중요
하지만 가치 상품군이다.

여행을 준비할 때 가장 먼저 따져 보는 것이 무엇일까? 여행코스, 서비스, 가격… 어떤 항목이 가장 결정적인 구매 이유일까?

여행상품 방송할 때 가장 중요한 것은 '나도 저기 가보고 싶다'는 생각이 들게 하는 것이다.

여행상품은 무엇을 보여 줘야 가보고 싶을까? 여행상품을 촬영할 때는 낭만을 보여 줘야 한다. 가보고 싶게 만들려면 낭만이 느껴져야 한다.

성산일출봉 일출

섭지코지

섭지코지가 성산 일출봉보다 볼 것이 별로 없는데도 관광객이 몰리는 이유는 드라마 올인 때문이다.

올인의 장면들 속에서 자기들도 뭔가 느끼려고 가는 것이다. 이병헌과 송혜교가 서 있었던 자리에서 사진 찍는 이유가 그것이다. 섭지코지에 올인의 스토리가 묻어 있기 때문에 섭지코지를 찾는 것이다.

여행은 낭만이다. 낭만은 일탈을 전제로 한다. 처음 가보는 곳, 처음 먹는 음식, 한번도 해 보지 않은 행동 등 일상에서 할 수 없는 것을 하는 것이 여행이고 그 자체가 낭만이다.

'낭만적이다'는 기본적으로 일탈이고 이국취향이다. 국내여행보다 해외여행을 더 좋아하는 이유도 이국의 정취를 느끼기 위해서다. 일상에서 벗어난 상태로 전혀 새로운 세계를 느껴 보려고 가는 것이다.

먹을 때도 낭만이 느껴지게 먹는 것이 좋다. 여행지에서 먹방을 할 때도 단순히 맛있게 먹기만 하는 것이 아니라 낭만 있게 맛있게 먹어야 한다. 음식은 그 지역의 문화의 산물, 그 지역민의 생활의 산물이기 때문에 수많은 이야기가 녹아 들어 있을 것이다. 음식의 유래, 우리 음식과의 차이, 음식 조리방법, 음식관련 신화 등 한국에서는 먹어볼 수 없는 음식과 스토리… 이런 것이 낭만을 완성시켜 준다.

여행은 사람이야기를 담아 내야 한다. 사람을 중심으로 끌고 가는 것이 매출에 도움이 된다. 몇박이고, 가격은 얼마이고, 호텔 별이 몇 개 짜리고, 아침은 씨푸드고, 점심은 무엇을 먹고, 저녁은 뭘 먹고… 사람 이야기가 없이 객관적인 정보들만 나열해서는 가보고 싶은 마음이 들지 않을 것이다.

타국에서 그곳에 여행 온 관광객들과 즐겁게 대화도 나누고 그 지역 음식을 맛있게 먹으면서 맛과 향을 설명해 주기도 하고, 이런 것이 낭만적으로 느껴지고 그렇게 한국 일상에서는 느낄 수 없는 파노라마와 사람과 다양한 문화들을 느낄 수 있게 해야 그곳에 가고 싶어지는 것이다.

여행상품을 잘 팔려면 '나도 저곳에 가 보고 싶다'라는 마음을 먹게 하는 것이다.

이 책 내용으로 교육받은 분들의 추천사와 왕초보도 성공할 수 있는 비법으로 내신한다.

방송콘텐츠진흥재단 상임이사 맹찬호

피디와 작가, 홈쇼핑 방송연출, 상품 기획등 다양한 방송경력의 대한민국 1인미디어 라이브 커머스 분야의 선구자, 상품기획부터 판매 노하우까지 현재 라이브 커머스를 준비하고 있는 농어민, 소상공인, 자영업에 종사하는 모든 분들에게 훌륭한 지침서가 될 것이라 생각합니다.

태백 크리에이터 태백요원 남요원

저에겐 아는 만큼 보이고, 보이는 만큼 느끼고, 느낀 만큼 깨달음을 주는 책입니다. 테크닉이 아닌 본질이 담긴 라이브 커머스의 정석, 교과서 같은 책이란 생각이 듭니다.

변호사 크리에이터 조미현

라이브 커머스는 라이브킹 없이 이야기할 수 없어요!! 엉뚱한데 기웃 대지 말고 여기서 시작!!

경제기자 크리에이터 쩐기자 전지연

1인방송 크리에이터의 필독서! V 커머스의 상품기획에서 방송까지… '라이브 25년' 베테랑, 실전 경험 전격 공개!

수제청 크리에이터 윤토마 배윤정

실전에 강한, 읽으면 판매전략이 눈에 들어오는 라이브 커머스의 정석.

평창 우루루동물농장 대표 김철귀

시대의 흐름을 먼저 읽고 앞서가는 선구자로서 김현기 교수는 불의와 타협하지 않는 대한민국 라이브 커머스의 선구자임이 분명하다.

청년창업 크리에이터 낯선걸 전재영

라이브 커머스의 정석! A부터 Z까지 진수만 뽑아 놓은 책으로 커머스 크리에이터를 꿈꾼다면 반드시 새겨 읽어야 할 지침서.

영월 크리에이터 영월콩쥐 장미숙

1인 방송시대! 나도 방송할 수 있다! 상품 판매방송의 모든것! 혼자서 도 잘하는 라이브 커머스 실전 전략! 1인 크리에이터를 꿈꾸는 분들을 위해 이 책을 추천합니다.

KBS PD 여행 크리에이터 레드타이거 박명규

'두드려라 열릴 것이다'라는 말은 여전히 유효합니다. 소박한 상품, 경쟁력 있는 제품이지만 TV 홈쇼핑이나 인터넷 쇼핑몰은 감히 꿈도 꿀 수 없는 분들은 이제 자신만의 방송판매 채널을 구축하십시오! 고가의 방송장비도 필요치 않고 유능한 쇼핑호스트를 고용할 필요는 더더욱 없습니다. 오직 필요한 건 당신의 손에 들린 스마트폰 하나 그리고 상품판매의 새로운 플랫폼에 올라타겠다는 당신의 용기와 실천입니다. 홈쇼핑 TV와 인터넷 쇼핑몰이 가져가는 고가의 수수료마저 당신이 챙겨갈 몫이 되는 라이브 커머스의 세상을 당신에게 추천드립니다!!

대전대 뷰티학과 교수 이현주

처음에는 V 커머스가 뭔가 하는 생각을 했었다. 하지만 김현기 대표님에게 쌍방향 소통이 되는 1인 라이브 방송이라는 말씀을 들었고 재미있겠다는 생각을 하였다. 이제 1인 라이브 방송은 선택이 아닌 필수인 시대가 왔다. 대표님 교육을 듣고 오래 길게 가려면 체계적인 공부가 필요하다는 생각에 책을 구입해서 보게 되었다. 일반인이 잘 알지 못하는 방송 용어와 판매 상품별 특장점, 촬영 포인트·기법, 그 외 현장에서 경험이 많지 않으면 절대 쓸 수 없고 놓칠 수 있는 디테일한 방송 절차나 방법에 대해서 간략하면서도 이해하기 쉽게 쓰여 있어서, 현대의 1인 라이브 방송 시대에 맞춰 미리 앞선 생각으로 책을 발간하신 김현기 대표님이 대단하시다는 생각을 하게 되었다. 아울러 처음 1인 라이브 방송을 하려는 분들이나 안정된 라이브 방송을 하고자 하는 분들에게 추천하고 싶은 책이다.

마더스베이비 대표 최소라

2002년 온라인 시장에 처음 뛰어든 저는 지난 19년간 온라인에서 수
많은 고객을 만났습니다. 그러나 오랜 경험에도 불구하고 고객의 마음
을 이해하고 우리의 철학을 공유하는, 그래서 고객과 소통하는 비지니
스는 참 어려운 일이었습니다. 라이브 커머스가 등장하며 고객과 직접
소통할 수 있는 장소가 생겼지만 여전히 어떤 플랫폼에서 어떤 모습으
로 어떻게 고객과 소통할 수 있을지는 여전히 제게 큰 어려움이었습니
다. 이러한 제게 김현기 선생님의 책은 그 누구도 아닌 제가 직접 고객과
소통할 수 있는 방법을 제시하는 희망의 등대였습니다. 라이브 커머스
를 새롭게 시작하는 여러분들도 이 책을 통해 고객과 직접 소통을 가장
잘하고 빠르게 소통하는 새로운 세상을 경험하실 거라 생각합니다.

봉화산사 송준스님

지금의 시대는 공감과 소통의 시대라고 말합니다. 소통이 이루어져야
공감을 받을 수 있을 것입니다. 사람들은 다리가 없다면 머나먼길을 돌
아서 다닐수 밖에 없을 것입니다. 김현기 선생님의 라이브 커머스 책은
우리와 같은 농업인에게 소비자와 직접 만나서 소통하고 공감하고 신뢰
를 쌓아갈 수 있게 도와주는 다리입니다. 이 책이 많은 분들의 꿈이 이루
어질수 있는 희망의 다리가 되기를 바랍니다.

고창농업기술센터 정보화교육담당 오현미

라이브 커머스, 아하~ 이게 대세이며 흐름인데, 이걸 농업인들 농산물
홍보마케팅에 어떻게 접목할수 있을까 고민고민 하다 접하게 된 김현기

교수님의 라이브 커머스, 방송이라고 하면 선뜻 도전해 볼 생각을 못하는 전문가 영역인 듯한데 김교수님의 살벌한(웃음) 교육과 책을 접하게 되어 커머스 라이브도 도전해 볼 영역이라는 소심한(?) 자신감을 갖게 해 주었네요. 농업인 정보화교육의 신세계를 접할수 있는 계기를 마련해 주심에 감사드립니다.

삼척 근덕 농협장 이원재

김현기 교수님 새로운 책의 출간을 진심으로 축하드립니다. 교수님의 저서가 출간되어 디지털이 두렵고, 판로개척에 목말라하는 농업인들의 삶의 질을 높이고 소득증대와 연계하여 혜택을 누릴 수 있는 기회가 되길 바랍니다.

음악 크리에이터 가객 세종 김세종

라이브 커머스? 첨 듣는 용어였다. 많은 것들이 생소했다. 그래도 조금씩 따라 하기 했다. 1년이 지났다. 좀더 적극적으로 무조건 철저히 따라가야 했다. 책 속에 있는 문장들은 괜히 있는 것이 아니었다. 이 책으로 인해 지금 이 나이에 나의 삶을 헤쳐가는 자세를 많이 바꾸었다.

부동산 크리에이터 베브 이호선

이 책은 라이브 커머스에 대한 저자의 깊은 열정과 자부심, 확고한 철학이 온전히 담긴 책입니다. 누구나 할 수 있지만 아무나 잘할 수 없는 영역인 라이브 커머스, 30년 경력 대한민국 최고실력자의 도제식 강의로 제대로 된 첫발을 내딛으시길 추천합니다.

횡성한우 크리에이터 냉열이 임유정

10여 년 전부터 라이브 커머스가 대세가 될 거란 걸 직감한 김현기 교수님은 아무도 가지 않는 길을 무던히 노력하여 이제는 자타가 공인한 후배들을 많이 양성하였다. 처음 라이브 방송을 접할 때우주 최고 낯가림 심한 내가 할수 있을까? 이걸 왜 해야만 하는 까? 하는 의문을 교육이 끝날때쯤 그래 이거야말로 나에게 필요한거야! 지금 당장 시작해야돼! 라는 확신으로 바꾸게 만들었다. 코로나시대/언텍트시대에 딱 맞는 교과서가 아닌가 싶다!!

캠핑 크리에이터 아부천사 양미나

라이브 커머스는 라이브 커머스가 뭔지 1도 모르던 내게, 라이브 커머스의 A부터 Z까지를 가르쳐 준 책이다. 그래서 그 배움으로 제2의 인생을 살게 해 준 고마운 책이다. 이 책을 보면서, 〈라이브 커머스〉란 단어의 창시자 김현기 교수님의 25년간의 노하우를 '이렇게 쉽게 배워도 되나'라는 생각이 들 뿐이다. 라이브 커머스를 배우고 싶은 이들의 가려운 부분을 확실히 긁어 줄, 효자손 같은 책이다.

상주 청년농부 이슬기

'백문이 불여일견' 라이브 커머스는 내가 생산한 농산물을 실시간으로 먹는것을 보여 주고, 설명함은 물론, 시청자와 소통이 가능하여 궁금증을 바로 풀어 줄 수 있기에 이는 소비자의 구매욕을 증가 시킬 수 있다. 최근, 이러한 라이브 커머스가 붐이 일고 있는데, 항상 혼자 시작하는것은 어렵다. 하지만, 책 내용을 세세히 이해할 수 있는 정도가 된다면 시작하는 데 도움이 되리라 생각한다.

강원도 한여농 부회장 쿵쿵소장 김미숙

1인 방송 교육 수강을 자전거 앞바퀴에 비교한다면 이 책은 자전거 뒷바퀴처럼 보물같은 책입니다. 라이브 커머스를 진행하다가 궁금함이 생길 때마다 이 책은 든든한 지원군이자 울타리 같은 책이지요. 자전거 페달을 밟으려면 힘이 필요하듯 이 책은 1인 방송을 쉽게 할 수 있게 만드는 마법 같은 책이기에 강력!!! 추천합니다.

빵펜션 운영자 복구슬 김복자

가장 강력한 말로 이 책을 말하사면 폰하나 들고 라이브 방송으로 돈벌 수 있는 기술이 담긴 실용서라는것, 감춰 두고 나만 보고 싶은 책인데 스승님 책이라 숨겨둘 수가 없다. 당신이 예뻐 보이고 당신이 라이브 커머스 능력자가 되는 기술이 여기 이 책에 담겨 있다는 것으로 라이브 커머스 크리에이터를 꿈꾸는 이에게 추천한다

사과 농민크리에이터 난리부르스 구민주

수업을 듣는데… 교수님께서 휴대폰 하나, 셀카봉 하나만 있으면 '내가 스타? 농산물 판매? 수익 창출?'이 가능하다는 거였죠. 전 어떻게? 전 카메라 울렁증이 있었는데요. 교수님께서 무조건 들이대고 방송하라고, 틀려도 버벅대도 그것이 생방송에 매력이라고… 우리는 전문인들이 아니기 때문에 괜찮다고, 방송을 하다 보니 자신감도 생기고, 매력도 느끼겠더라구요. 대본이 있는것도 아니구… 이렇게 해 보니까 되더라구요.

재미도 있고, 방송을 보고 연락이 안 되었던 친구, 회사 동료들 연락이 왔어요. 이렇게 방송을 하다 보니 '와~' 주문은 쭉~쭉~ 들어오기 시작하면서 공판장에 출하하는 것보다 훨씬 좋더라구요.

제주 크리에이터 콩청 임효진

라이브킹 김현기님을 통해 라이브 커머스의 세상을 알게 되어 매우 행복한 콩청 임효진입니다. 제주의 멋진 풍광도 보여드리고, 맛있는 맛집도 소개하고, 제가 만든 콩나물콩 청국장을 어떻게 만들고, 어떻게 먹으면 맛있는지를 모두 보여드릴 수 있어서 좋아요

보는 분에게 유익하고 기분 좋은 정보를 제공하고자 시작한 1인 라이브 커머스 방송, 이를 통해 시청자와 실시간 소통하며 저의 제품을 소개하며 귀한 친구도 얻게 되고 전국 방방곡곡의 농부님과 생산자들을 방송을 통해 만나게 되어 요즘 매우 바쁘고 행복한 시간을 보내고 있어요. 김현기 선생님의 라이브 커머스의 세계에 제대로 빠져보시죠.

헬스 크리에이터 서울개미 문소라

내 인생의 전환기가 있다면 지금 이 순간이 아닐까 합니다. 생초보라 아무것도 모르면서도 김현기 선생님의 가르침대로 익히고 시청자와 소통하면서 일인 라이브를 실행하며 즐거움을 알게 되었습니다. 1인 방송을 하면서, 라이브 커머스라는 새로운 장르에 도전하면서 그동안 경험해 보지 못했던 세계에 눈뜨게 되어 행복함을 느꼈습니다. 이렇게 새로운 인생의 행복함을 알려 주신 라이브킹 김현기 선생님께 깊은 감사의 말씀를 전하고 싶습니다.

아리랑TV 영어캐스터& 글로벌라이브 커머스셀러 이지현

라이브 커머스 광풍의 시대에 김현기 감독님의 저서를 읽고 이해한 사람만이 이 영역에서 끝까지 살아남을 것이다.

〈 완전 초보들이 성공할 수 있는 비법 〉

1. 지상판 방송과 개인 방송의 차이를 이해한다
2. 홈쇼핑 방송과 커머스 방송의 차이를 이해한다
3. 홈쇼핑에서 할 수 없는 상품이나 상품군을 선택한다
4. 크리에이터명을 만든다
5. SNS(유튜브, 페북, 인스타…)에 채널을 만든다
6. 각 SNS에서 생방송을 몇 번씩 해본 후 자기와 궁합이 맞는 SNS를 선택한다
7. 선택한 SNS 채널에서 매주 2회 이상 생방송을 진행한다
8. 최소 1년 이상 한 채널에 집중해서 생방송을 진행한다

2006년부터 15년 동안 크리에이터를 양성해 오면서 느낀 점들이다.

유튜버든 커머스 크리에이터든 모두에게 적용되는 내용이다.

변신에 실패하는 사람들의 가장 큰 공통점은 바로 시작하지 못하고 무엇인가를 준비한 다음에 시작하려고 한다는 것이다. 반면에 성공하는 사람들의 공통점은 그냥 막 들이대고, 준비없이 지금 바로 생방송을 시작한다.

'학습'이라는 말은 '배우고(학) 익히다(습)'는 뜻이다. 학과 습이 모두 다 중요하지만 영역에 따라서 학이 더 중요한 곳이 있고 습이 더 중요한 장르가 있는데 생방송 영역은 학보다 습이 더 중요한 장르다.

모든 스포츠도 학보다 습이 더 중요한 것처럼 생방송도 배우는 것보다 익히는 것이 더 중요하다. 야구선수 이승엽에게 타격 방법을 배웠다고 해서 스스로 몸으로 익히지 않는다면 잘 칠 수 있을까?

1인 방송과 라이브 커머스에 관해 배워야 할 내용은 이 책에 거의 다 들어 있다. 이 책으로 배우고 스스로 연습하면 된다. 익히는 것은 남이 가르쳐 줄 수 없다. 오직 내 스스로 해야 한다. 처음부터 잘 할 수도 없다. 오히려 초보때는 열심히만 한다면 못할수록 좋을 수도 있다. 메이드된 후에 시작하는 것이 아니라 시작하고 나서 점점 발전해 나가는 것이다.

커머스 실력자가 되기까지는 시산이 오래 걸리지만 생방송 실력자는 주 2회씩 1년 정도만 하면 될 수 있다. 이 책을 읽은 분들이 학보다 습에 더 집중해서 1년 후쯤에는 생방송 선수로의 변신에 성공하길 기원한다.

라이브킹 김현기

라이브 커머스

ⓒ 라이브킹, 2021

초판 1쇄 발행 2021년 6월 2일

지은이   라이브킹
펴낸이   이기봉
편집   좋은땅 편집팀
펴낸곳   도서출판 좋은땅
주소   서울 마포구 성지길 25 보광빌딩 2층
전화   02)374-8616~7
팩스   02)374-8614
이메일   gworldbook@naver.com
홈페이지   www.g-world.co.kr

ISBN   979-11-6649-831-2 (13320)